세계 지도에서 쏙쏙 뽑은 별별 세계 상징

ⓒ우리누리, 정계원 2013

2013년 5월 20일 초판 1쇄 발행
2021년 9월 13일 초판 4쇄 발행

글쓴이 원영주
그린이 정계원
펴낸이 박해진
펴낸곳 도서출판 학고재
등록 2013년 6월 18일 제2013-000186호
주소 서울시 마포구 새창로 7(도화동) SNU장학빌딩 17층
전화 02-745-1722(편집) 070-7404-2810(마케팅)
팩스 02-3210-2775
전자우편 hakgojae@gmail.com
페이스북 www.facebook.com/hakgojae

ISBN 978-89-5625-216-2 73900

- 이 책은 저작권법에 의해 보호를 받는 저작물입니다. 이 책에 수록된 글과 이미지를 사용하고자 할 때에는 반드시 저작권자와 도서출판 학고재의 서 면 허락을 받아야 합니다.
- 이 도서의 국립중앙도서관 출판시도서목록(CIP)은 서지정보유통지원시스템 홈페이지(http://seoji.nl.go.kr)와 국가자료공동목록시스템(http://www.nl.go.kr/kolisnet)에서 이용하실 수 있습니다.(CIP제어번호 : CIP2013006004)
- 잘못된 책은 구입한 곳에서 바꿔드립니다.

어린이제품안전특별법에 의한 제품 표시	
제조사명 도서출판 학고재	전화번호 02-745-1722
제조국명 대한민국	주 소 서울시 마포구 새창로 7(도화동) SNU장학빌딩 17층
사용연령 10세 이상 어린이 제품	

글 원영주 그림 정계원

학고재

 작가의 말

세계의 문화 속에는
어떤 이야기가 숨어 있을까요?

　세계 지도가 있다면 방 안에 지도를 펼쳐 보세요. 수많은 나라들이 눈에 들어올 거예요.

　이 세상에는 200여 개나 되는 나라들이 서로 맞대고 살아가고 있어요. 그 나라들 중에는 가 보고 싶거나 특히 궁금한 나라가 있을 거예요. 머릿속에 떠오르는 나라가 있다면 가만히 눈을 감고 그 나라를 대표하는 문화를 떠올려 보세요.

　우리나라를 예로 들어 볼까요? '대한민국' 하면 김치, 한복, 태권도 등 몇 가지 문화가 생각날 거예요. 이웃 나라 중국은 무엇이 떠오르나요? 만리장성을 이야기하는 친구도 있을 테고, 천안문 광장을 이야기하는 친구도 있을 거예요. 저 멀리 프랑스로 가 볼까요? 에펠 탑, 패션 등이 떠오르지요? 이탈리아 하면 피자나 콜로세움, 브라질은 축구와 삼바, 아마존 등이 떠오를 거예요.

　이처럼 한 나라를 대표하는 문화에는 여러 가지가 있어요. 음식이나 건축물인 경우도 있고, 동물이나 자연 경관, 때로는 사람인 경우도 있어요.

　이 책에는 우리가 잘 아는 35개 나라들과 그 나라들을 대표하는 문화가 하나씩 담겨 있어요. 그러한 문화에는 그 나라의 역사는 물론 생활과 풍습 등이 녹아 있답니다. 때로는 그 나라의 제도나 예술, 종교 이야기가 들어 있기도 하지요.

　멕시코의 상징인 노팔 선인장에는 멕시코의 건국 이야기가 들어 있어요. 이집트의 피라미드 이야기를 읽다 보면 고대 이집트에서 강한 힘을 가졌던 파라오에 대해 알 수 있지요. 이탈리아의 피자 이야기에서는 이탈리아의 평범한 사람들의 생활을 엿볼 수 있어요. 가난한 이탈리아 사람들이 토마토, 올리브 등 이탈리아에서 많이 나는 재료로 배불리 먹을 수 있는 음식을 만들려고 고민하다가 만든 음식이 피자였으니까요.

　이 밖에도 미국의 자유의 여신상, 독일의 베를린 장벽, 오스트레일리아의 왈츠, 탱고, 그리스의 올림픽 등 우리에게 친숙한 문화 이야기가 다양하게 실려 있답니다.

　세계 각국의 문화 이야기를 읽다 보면, 우리가 막연히 알고 있던 문화에 어떤 의미가 숨어 있는지 알 수 있을 거예요. 그리고 그 과정을 통해 세계 여러 나라의 역사와 전통, 사람들의 생각을 쉽게 이해할 수 있지요.

　자, 지금부터 세계 여러 나라의 문화 이야기 속으로 떠나 볼게요.

원영주

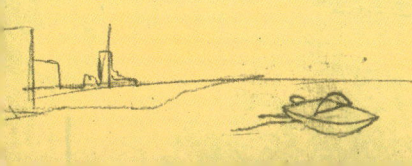

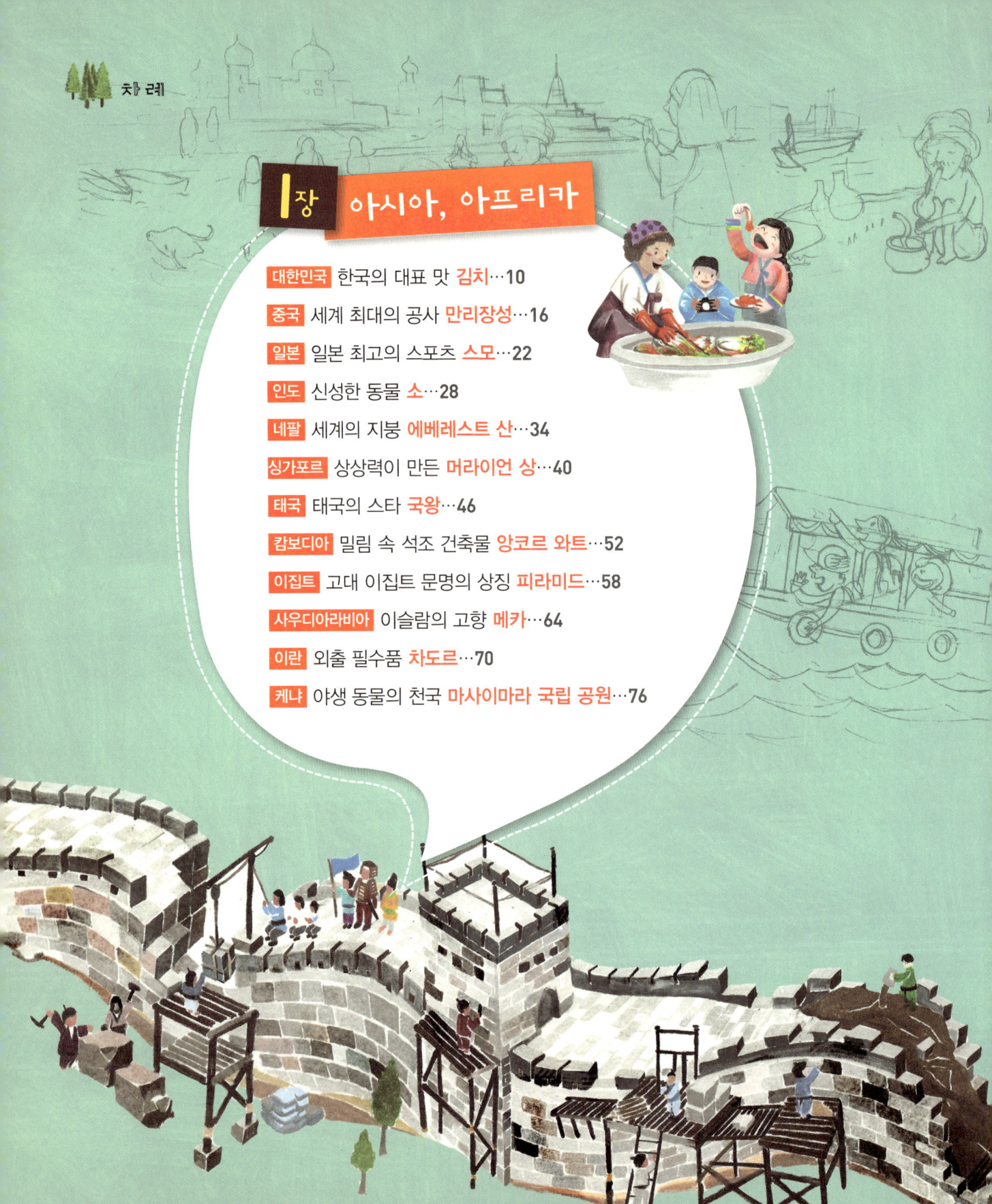

차례

1장 아시아, 아프리카

- **대한민국** 한국의 대표 맛 **김치** …10
- **중국** 세계 최대의 공사 **만리장성** …16
- **일본** 일본 최고의 스포츠 **스모** …22
- **인도** 신성한 동물 **소** …28
- **네팔** 세계의 지붕 **에베레스트 산** …34
- **싱가포르** 상상력이 만든 **머라이언 상** …40
- **태국** 태국의 스타 **국왕** …46
- **캄보디아** 밀림 속 석조 건축물 **앙코르 와트** …52
- **이집트** 고대 이집트 문명의 상징 **피라미드** …58
- **사우디아라비아** 이슬람의 고향 **메카** …64
- **이란** 외출 필수품 **차도르** …70
- **케냐** 야생 동물의 천국 **마사이마라 국립 공원** …76

2장 유럽

- **네덜란드** 바람의 힘을 이용한 **풍차**…84
- **영국** 지식과 품위를 갖춘 **영국 신사**…90
- **프랑스** 한때 애물단지였던 **에펠 탑**…96
- **독일** 분단의 상징이었던 **베를린 장벽**…102
- **스위스** 세계에서 가장 높은 기차역 **융프라우요흐**…108
- **덴마크** 안데르센 동화를 대표하는 **인어 공주상**…114
- **스웨덴** 바다의 개척자 **바이킹**…120
- **핀란드** 동화 속 세계 **산타클로스 마을**…126
- **오스트리아** 가볍고 신 나는 음악 **왈츠**…132
- **그리스** 신들에게 바치던 경기 **올림픽**…138
- **바티칸 시국** 가톨릭의 상징 **산 피에트로 대성당**…144
- **에스파냐** 정열적인 경기 **투우**…150
- **이탈리아** 세계의 입맛을 사로잡은 **피자**…156
- **루마니아** 흡혈귀가 아니라 영웅이었던 **드라큘라**…162
- **폴란드** 아픈 역사가 남아 있는 **아우슈비츠 수용소**…168
- **헝가리** 알고 보면 만능 재주꾼 **헝가리 집시**…174
- **러시아** 러시아의 역사가 숨 쉬는 **크렘린 궁전**…180

3장 아메리카, 오세아니아

- **미국** 민주주의를 상징하는 **자유의 여신상**…188
- **캐나다** 캐나다의 자부심 **단풍나무**…194
- **브라질** 화려한 춤을 닮은 **삼바 축구**…200
- **아르헨티나** 이민자들의 슬픈 춤 **탱고**…206
- **멕시코** 멕시코의 건국 신화 **선인장**…212
- **오스트레일리아** 개척 정신의 상징 **캥거루**…218

아시아 아프리카

1장

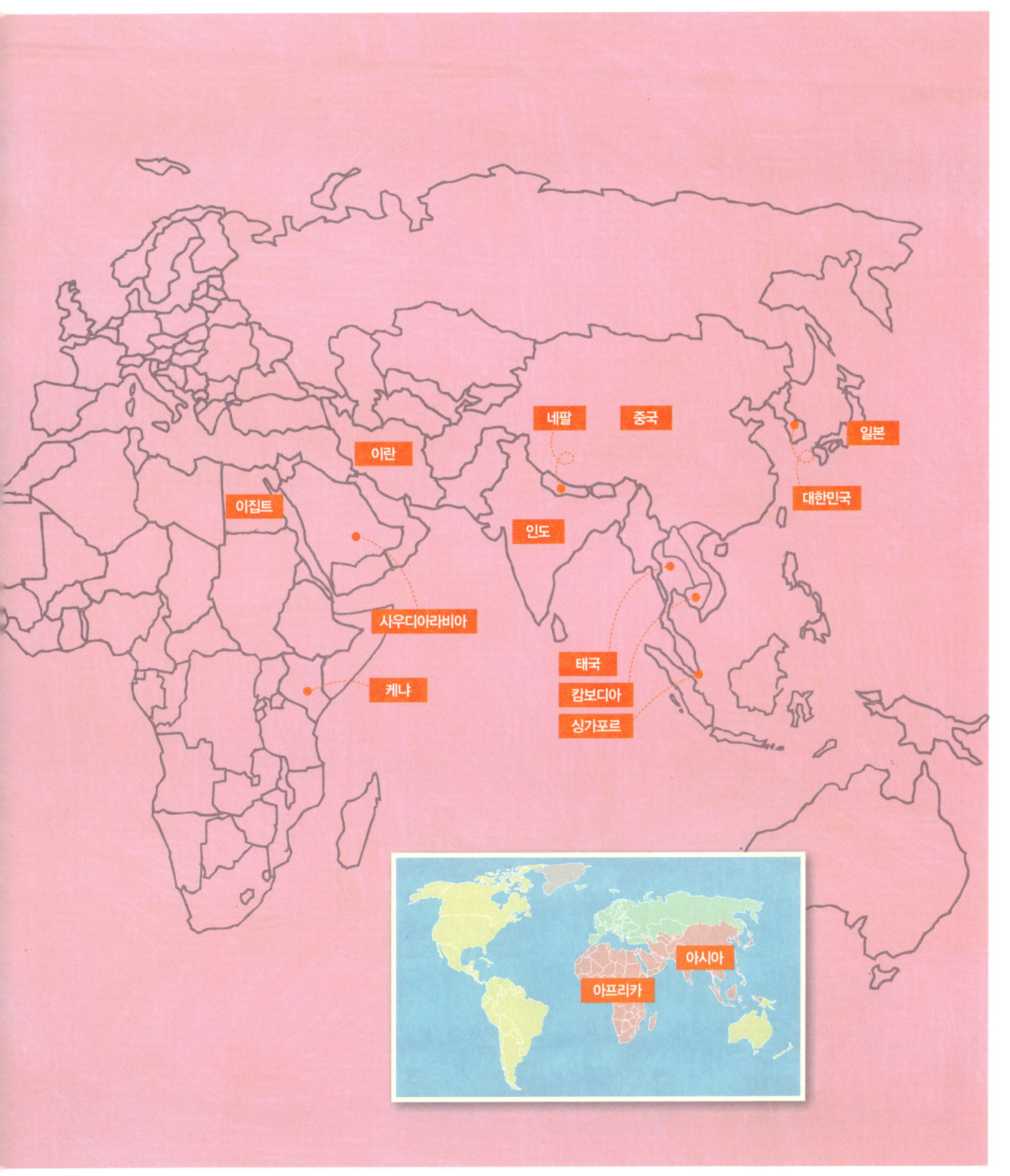

한국의 대표 맛
김치

밥상에 빠지지 않고 올라오는 김치는 우리나라 사람들이
제일 좋아하는 음식이에요. 매일 먹어도 질리지 않고,
다양한 요리를 해 먹을 수도 있거든요.
김치의 맛은 참 독특해요. 여러 재료들이
발효되면서 곰삭은 맛이 나지요.
이런 김치는 과연 언제부터 먹었을까요?

국기 '태극기'라고 한다. 우주와 조화를 이루면서 발전하고 싶은 민족의 뜻이 담겨 있다. 하얀색 바탕에 태극 문양이 가운데에 있고 네 모서리에 4괘가 그려져 있다. 4괘는 건(乾, 하늘), 곤(坤, 땅), 감(坎, 물), 리(離, 불)를 말한다. 하얀색은 순수와 평화를, 태극 문양은 음양의 조화를 상징한다.

역사 약 70만 년 전 구석기 시대부터 한반도에 사람이 살기 시작했다. 기원전 2333년에 한반도 최초의 국가인 고조선이 세워졌고 기원전 108년에 멸망했다. 그 후 부여·고구려·동예·옥저·삼한이 들어섰다가 삼국·통일 신라·후삼국·고려·조선 시대를 거쳐 1948년에 대한민국 정부가 세워졌다.

정보 한국의 공식 이름은 대한민국이다. 수도는 서울이고, 한국어를 사용한다.

김치는 우리나라를 대표하는 채소 발효 식품이에요. 세계 어느 나라에서도 맛볼 수 없는 우리나라의 고유한 음식이지요.

김치는 독특한 향과 매콤하면서 톡 쏘는 맛이 아주 뛰어나요. 낮은 온도에서 발효될 때 유산균이 만들어져서 이런 맛이 난답니다.

그렇다면 우리나라 사람들은 언제부터 김치를 먹었을까요?

김치의 기원은 삼국 시대까지 거슬러 올라가요. 당시 사람들은 쌀에 물을 부어 끓여 먹는 것이 전부였어요. 밥이라기보다는 죽과 비슷해서 별맛이 없었지요. 그래서 밥과 함께 먹을 수 있는 반찬이 필요했어요. 하지만 소나 돼지 같은 가축은 아주 귀한 재산이어서 거의 먹을 수 없었고, 생선도 잡으려면 먼 바다로 나가야

해서 쉽게 먹을 수 없었어요. 그러다 보니 주변에서 쉽게 구할 수 있는 먹을거리를 찾게 되었지요. 그러던 중 뒷산에서 산나물을 뜯어와 반찬으로 만들어 먹었는데 그 맛이 아주 좋았어요. 입안에서 아삭아삭 씹히는 맛도 좋았고, 비타민 C까지 얻을 수 있어서 건강에도 좋았지요.

그런데 문제가 생겼어요. 추운 겨울에는 나물을 구할 수가 없었던 거예요. 그래서 사람들은 소금을 이용하기 시작했어요. 추운 겨울이 오기 전 순무나 가지, 죽순, 더덕 같은 채소를 소금에 절여 두면 한겨울 내내 먹을 수 있었거든요. 이렇게 해서 김치가 시작되었어요.

김치의 옛말은 '침채'인데, 바로 '채소를 소금물에 담근다.'라는 뜻이지요. 그런데 이때는 소금만 넣어서 지금처럼 김치가 빨갛지 않았어요. 그럼 지금처럼 고춧가루를 넣은 김치는 언제부터 먹었을까요?

'침채'는 '팀채' 또는 '딤채'로 불리다가 김채로 되었어. 그리고 세월이 흘러 '김치'로 변한 거야.

바로 임진왜란 이후부터예요. 그때 일본에서 고추가 들어왔거든요. 임진왜란 이후 김치는 여러 면에서 놀라운 변신을 해요. 농사 기술이 발달하면서 배추나 무처럼 커다란 채소를 재배하게 되어 오늘날의 배추김치, 무김치 등을 담그기 시작했지요.

김치를 담그는 방법도 다양해졌어요. 배추나 무 같은 채소에 고추, 파, 마늘, 생강, 젓갈, 해산물 등 여러 가지 재료와 양념을 버무렸어요. 이렇게 많은 재료가 들어가니 소금으로만 담갔던 김치보다 맛도 훨씬 좋았지요.

김치의 가짓수는 지역, 재료, 담그는 비법에 따라 200여 종이 넘어요. 하지만 영양이 풍부하여 세계가 인정하는 건강식품이라는 점은 모두 같답니다.

이런 비밀이 숨어 있다니!

김치에 마술이 숨어 있는 걸 아니? 채소를 오래 보관하면 숨이 죽어서 물컹해져. 하지만 김치는 익을수록 아삭하고 맛도 훨씬 풍부해져서 시원하면서도 칼칼한 맛이 난단다. 이런 김치 맛은 세계 어디에서도 찾아볼 수 없을 만큼 아주 독특하지.

김치 맛의 비밀은 바로 고추에 있어. 고추에는 매운맛을 내는 '캡사이신' 성분이 들어 있어서 채소의 신선한 맛을 지켜 주면서 너무 시지 않게 도와 줘. 여기에 소금의 짭짤한 맛과 젓갈에서 나오는 감칠맛이 함께 어우러져 독특한 맛을 내는 거란다.

중국

세계 최대의 공사
만리장성

중국에 가면 세계에서 가장 긴 성벽을 만날 수 있어요. 바로 만리장성이지요. 만리장성은 세계 최대의 공사였어요. 완성되기까지 자그마치 2,000여 년이 걸렸거든요. 그럼 진시황제는 왜 만리장성을 쌓았을까요?

자이언트 판다

한문

국기 '오성홍기'라고 한다. 빨간 바탕에 큰 별 하나가 왼쪽 위에 있고, 그 주위를 네 개의 작은 별이 둘러싸고 있다. 빨간색은 사회주의 혁명을 상징하고, 큰 노란 별은 중국 공산당을, 작은 별들은 노동자·농민·지식인·애국적 자본가를 나타낸다.

역사 기원전 2500년 무렵 황허·장강 유역에서 문명이 일어나면서 역사가 시작되었다. 하나라, 상나라, 주나라, 춘추 전국 시대를 거쳐 기원전 221년에 최초의 통일 국가인 진나라가 세워졌다. 그 후 한·수·당·송·원·명·청 등 여러 나라들이 분열과 통일을 반복했다. 1912년에 마지막 왕조인 청나라가 멸망하고 중화민국이 탄생했다. 이후 사회주의 정권이 들어서면서 1949년에 중화 인민 공화국이 세워졌다.

정보 중국의 공식 이름은 중화 인민 공화국이다. 수도는 베이징이고, 중국어를 사용한다.

중국을 대표하는 세계 문화유산이며, 세계에서 가장 긴 인공 건축물은 무엇일까요? 바로 **만리장성**이에요. 만리장성은 그 길이가 '만 리'에 이른다고 하여 붙여진 이름이에요. 그럼 만 리는 과연 얼마나 될까요? 1만 리를 킬로미터로 바꾸면 4,000킬로미터가 넘어요. 서울에서 부산까지 거리가 450킬로미터 정도니까 10배가 넘는 길이인 셈이지요. 정말 굉장하지요?

그런데 4,000킬로미터 중 지도에 나타난 길이는 약 2,700킬로미터예요. 지도에 나타나지 않은 부분까지 모두 이으면 약 6,300킬로미터가 되지요. 그러니까 실제로는 1만 2,000리가 넘는 길이예요.

만리장성은 성벽의 높이가 6~9미터, 폭이 4~9미터로 군대가 말을 몰고 이동할 수 있을 정도로 규모가 컸어요. 성벽 위에는 적들의 움직임을 살피기 위해 110미터마다 망루를 설치해 놓았지요.

그럼 왜 이렇게 거대한 규모의 성을 쌓았던 걸까요?

기원전 3세기 무렵, 당시 중국은 제나라, 연나라, 초나라, 위나라, 조나라, 한나라, 진나라 등 7개의 나라로 나뉘어 있었어요. 각 나라들은 땅을 많이 차지하기 위해 다른 나라를 침략하면서도 한편으로는

만리장성은 베이징, 톈진 등 17개 주와 작은 자치주들 그리고 국경을 넘어 몽골까지 걸쳐 있어.

적의 침입을 막고자 국경선 근처에 성벽을 쌓았어요.

그러다가 기원전 221년에 진시황제가 여섯 나라를 무너뜨리고 중국 대륙을 통일해요. 그 뒤 국경 근처에 들끓는 흉노 족을 막기 위해 국경에 흩어져 있는 성벽들을 하나로 잇기 시작했지요.

성을 쌓는 일은 10년이나 계속되었어요. 30만 군사로는 턱없이 부족해 수백만 명의 농민들까지 동원되어 일해야 했어요. 성을 쌓다가 목숨을 잃은 사람도 아주 많아서 만리장성을 두고 '백성들의 무덤'이라는 말까지 생겨났지요.

만리장성은 진시황제 이후 조금씩 고치고 쌓기를 반복하다가 명나라 시대에 완성되었어요. 완성될 때까지 무려 2,000년이 걸린 어마어마한 규모의 건축 공사였답니다.

이런 비밀이 숨어 있다니!

진시황제가 어떤 사람인지 궁금하다고? 진시황제는 진나라의 제31대 왕이며, 중국 최초의 통일 제국을 세운 인물이야. 물론 만리장성을 쌓은 왕으로도 유명하지.

진시황제의 원래 이름은 '영정'이었어. 성은 '영'이고 이름은 '정'이었지. 영정은 기원전 247년, 13살의 나이에 왕의 자리에 올랐어. 그 후 실력 있는 인재를 뽑아 쓰고 자신에게 반대하는 신하들을 없애면서 왕권을 튼튼히 했어. 그러면서 주변의 나라들을 정복해 중국 최초의 통일 국가를 세웠지. 그때 영정의 나이가 39살이었단다.

진나라를 세운 영정은 '시황제'로 이름을 바꾸었어. '시황제'는 '첫 번째 황제'를 뜻해. 중국 대륙을 통일한 자신의 업적을 기리기 위해 '왕' 대신 '황제'라는 말을 쓰게 한 거지. 이렇게 해서 진나라의 시황제를 '진시황제'라고 부르게 된 거란다.

일본 최고의 스포츠
스모

일본 사람들이 열광하는 스모 경기는 얼핏 보면
우리나라의 씨름과 비슷해 보여요.
하지만 경기를 치르는 방식이나 경기에 임하는
선수의 태도는 씨름과 다르답니다.
스모 경기가 어떻게 해서 만들어졌는지 알면
일본을 잘 이해할 수 있을 거예요.

국기 '일장기'라고 한다. 하얀색 바탕에 빨간색 원이 한가운데에 그려져 있다. 빨간색 원은 태양을 상징한다.

역사 일본에 국가의 형태가 들어선 시기는 4~5세기 무렵이다. 1192년부터 무사들이 각 지역을 다스리는 '막부 시대'가 열렸다. 이후 1590년에 각각 갈라져 있던 일본을 도요토미 히데요시가 통일했다.
1867년에는 서양 세력들이 밀려들어 오자 나라의 문을 빨리 열어 서양 문물을 받아들였다. 그 후 청일 전쟁, 러일 전쟁을 일으켰고 우리나라를 식민지로 만들었다. 그리고 독일, 이탈리아와 손잡고 제2차 세계 대전을 일으켰다. 그러나 1945년 히로시마와 나가사키에 원자폭탄이 떨어지자 항복했다. 이후 1960년대부터 1980년대까지 경제가 빠르게 성장해 세계 경제 대국이 되었다.

정보 일본의 공식 이름은 일본이다. 수도는 도쿄이고, 일본어를 사용한다.

규슈

일본의 스모 경기를 본 적 있나요? 얼핏 보기에는 우리나라의 씨름과 비슷하지만 복장이나 경기 기술은 많이 다르답니다.

원래 스모는 산신에게 감사 드리던 의식에서 시작되었어요. 스모 경기를 통해 그해 농사가 풍년일지 흉년일지 점치기도 했지요.

스모는 일본에서 가장 인기 있는 전통 스포츠예요. 옛날에는 각 지방의 장수들을 스모 경기에 출전시켰는데, 그 인기가 굉장했어요. 경기가 열릴 때마다 사람들이 구름 떼처럼 몰려들었고, 일본 황실에서도 스모 경기를 후원했어요. 하지만 무사들이 정권을 잡았던 막부 시대에 들어서면서, 스모는 무사들끼리 실력을 겨루는 경기로 바뀌었어요. 안타깝게도 일반 백성들은 스모 경기를 구경할 수 없었지요.

스모 경기가 다시 세상 밖으로 나온 것은 1600년대였어요. 이때부터 스모를 직업으로 하는 선수들이 생겨났고, 각 지방마다 스모 대회가 열리기 시작했답니다.

스모 경기는 도쿄를 비롯해 전국의 대도시에서 돌아가면서 열려요. 1년에 여섯 번 열리는데 1월, 5월, 9월에는 도쿄에서, 3월에는 오사카에서, 7월에는 나고야에서, 11월에는 후쿠오카에서 열리지요. 오늘날에도 스모의 인기는 대단해서 표를 구하기가 하늘의 별 따기만큼이나 어려워요.

스모 경기는 지름이 4.6미터인 원형 경기장 안에서 펼쳐져요. 상대방의 몸을 밀쳐 발을 제외한 몸의 일부가 땅에 닿게 하거나 상대방을 아예 경기장 밖으로 밀어내는 경기예요. 굉장히 간단한 경기 같지요? 하지만 자세히 보면 상대방의 마와시를 잡아 올려 경기장 밖으로 밀어내기, 상대방을 손바닥으로 치기, 허리띠 잡고 옆으로 넘어뜨리기 등 70여 가지의 기술이 쓰인답니다.

스모 선수들은 머리 모양도 독특해요. 머리를 곱게 빗은 다음 위로 올려 묶어 상투머리를 하는데, 오래된 스모 경기의 전통이에요.

마와시는 씨름의 샅바에 해당하는 경기복이야. 일본의 전통 속옷인 '훈도시'를 변형시킨 옷이지.

스모는 우리나라의 씨름과 달리 체급(체중에 따라 매겨지는 등급)에 상관없이 경기를 해요. 그래서 어떤 경기에서는 덩치 큰 선수와 덩치 작은 선수가 맞붙기도 해요.

그럼 스모 경기는 실제로 어떻게 할까요?

스모 경기는 일정한 절차에 따라 이루어져요. 먼저 서로 맞붙을 두 선수가 경기장 안의 정방형 원에 들어서요. 선수들은 경기를 하기 전에 양다리를 들었다 내딛는 동작을 해요. 일종의 준비 운동인데 자신의 힘을 상대방에게 과시하는 거예요. 그런 다음 경기장 한편에 마련된 물을 국자로 떠서 입을 헹구고 일본 전통 종이로 몸을 닦아요. 이것은 경기를 시작하기 전에 몸과 마음을 깨끗이 하는 행동이지요. 그리고 소금을 뿌려 나쁜 기운을 몰아내고 좋은 기운을 채워요.

경기를 할 때 선수들은 주먹으로 상대방을 공격할 수 없고, 경기 결과에 항의해도 안 돼요. 경기에서 이겨도 지나치게 기쁜 표정을 지을 수 없는데, 그것은 경기에서 진 선수를 배려하기 위한 것이랍니다.

스모 경기에서 예절과 의례를 중요하게 여기는 일본 문화를 엿볼 수 있어.

이런 비밀이 숨어 있다니!

왜 스모 선수들은 몸집이 거대할까? 체급의 구분이 없어서 몸무게가 많이 나가야 경기에서 더 유리하기 때문이지. 그래서 스모 선수들의 몸무게는 100킬로그램이 넘는 게 보통이란다.

스모를 전문으로 하는 선수들을 '리키시' 또는 '스모토리'라고 불러.

스모 선수가 되려면 키는 173센티미터 이상, 몸무게는 75킬로그램이 넘어야 해. 나이는 23살을 넘지 않아야 하고 중학교를 졸업해야 하지. 마지막으로 건강 검진을 거쳐 몸에 이상이 없다는 게 확인되어야 해.

이렇게 선발된 선수들은 단백질이 풍부한 음식을 먹으면서 특별 관리를 받고, 체계적으로 훈련을 해.

우리나라에서 씨름을 가장 잘하는 사람을 '천하장사'라고 하지? 일본에서 스모를 가장 잘하는 사람은 '요코즈나'라고 한단다.

신성한 동물
소

인도에서 소를 숭배하는 풍습은 세계적으로 유명해요. 인도 사람들은 소에게 길을 비켜 줄 정도로 소를 신성하게 여기지요. 인도에서는 왜 이렇게 소를 떠받드는 걸까요? 지금부터 그 깊은 뜻을 함께 찾아보아요.

카레 인도의 대표 음식

국기 주황색은 용기와 희생을, 하얀색은 진리와 평화를, 초록색은 성실과 다산(아이를 많이 낳는 것)을 뜻한다. 한가운데에 있는 수레바퀴 문양은 불교의 가르침을 나타낸다.

역사 기원전 2500년 무렵 인더스 강 유역에서 인더스 문명이 시작되었다. 그 후 기원전 1500년 무렵 아리아 사람들이 인더스 문명을 파괴하고 갠지스 강 유역에 자리를 잡았다. 이들이 바로 인도 사람들의 조상이다. 이후 인도에 여러 왕조들이 세워지고 멸망했다가 1526년 무굴 제국이 인도를 통일했다. 무굴 제국은 17세기까지 번창했다가 영국, 프랑스, 포르투갈 같은 나라들이 밀려오면서 위기를 맞았다. 서양의 나라들은 인도를 차지하기 위해 다툼을 벌였고, 결국 영국이 인도를 지배했다. 그러다가 1947년에 영국의 식민지에서 벗어나 독립했다.

정보 인도의 공식 이름은 인도 공화국이다. 수도는 뉴델리이고, 힌디 어를 가장 많이 사용한다.

　인도에서는 소들이 도로 한복판에 누워 있거나 어슬렁거리며 지나가는 광경을 자주 볼 수 있어요. 더 신기한 것은 차들과 사람들의 반응이에요. 소들을 피해 가거나 소에게 길을 내주거든요. 이렇게 인도 사람들은 소를 특별하게 대해요. 그래서 소고기도 먹지 않는답니다.

　인도 사람들이 소를 특별하게 대하는 이유는 무엇일까요? 그것은 소를 신성한 동물로 여기고 숭배하기 때문이에요. 그렇다고 해서 아무 소나 숭배하지는 않아요. 여러 종류의 소 중에서도 특히 흰 암소를 숭배한답니다.

　흰 암소는 힌두교와 관계가 있어요. 힌두교는 고대 인도에서 생겨난 종교인데

인도 사람들 대부분이 믿고 있어요.

힌두교에서는 여러 신을 믿는데, 창조의 신 '브라마', 보존·유지의 신 '비슈누', 파괴의 신 '시바'가 대표 신이에요. 이 중 시바 신이 흰 암소 '난디'를 타고 다녔다고 해요. 그래서 흰 암소를 신성한 동물로 여기고 숭배하는 거지요.

또 한 가지 이유가 있어요. 힌두교에서는 사람이 죽으면 육체는 썩어 없어지지만 영혼은 죽지 않고 다시 태어난다고 믿어요. 그런데 그 사람이 살아 있을 때 어떤 행동을 했느냐에 따라 다음 생의 육체가 결정된다고 봐요. 신에게 열심히 기도를 드리고 착하게 산 사람은 다음 생에서 다시 사람으로 태어나고, 나쁜 짓을 많이 한 사람은 동물로 태어난다는 거예요. 나쁜 짓을 아주 많이 했다면 벌레 같은 하찮은 생물로 태어날 수도 있어요. 그런데 인도 사람들은 소를 사람이 되기 바로 전 단계의 동물이라고 여겼어요. 그래서 소를 신성한 동물로 숭배하는 거랍니다.

이런 종교적인 이유 말고 소를 숭배하는 이유가 또 있어요. 예로부터 인도에서는 농사를 굉장히 중요하게 여겼어요. 그런데 농사를 지을 때 꼭 필요한 동물이 소였지요. 소를 이용해서 땅을 갈았거든요. 땅을 잘 갈아야 한 해 농사가 잘 되었으니 소만큼 중요한 동물이 또 없었지요. 게다가 소는 무엇 하나 버릴 것이 없는

동물이었어요. 소젖은 짜서 마시거나 버터 같은 유제품을 만들어 먹었어요. 뿐만 아니라 쇠똥까지도 자원으로 썼지요. 산이 많지 않아 나무를 쉽게 구할 수 없는 인도에서는 쇠똥을 말려 연료로 사용했답니다.

이처럼 소는 여러 모로 쓸모가 많은 동물이었어요. 그래서 소를 부의 상징으로 여기기도 했어요. 인도에서 소 한 마리를 갖고 있는 것은 재산이 많다는 의미와 같았답니다.

인도에서는 소를 어머니와 같은 존재로 봐. 그래서 '소 보호법'도 있단다.

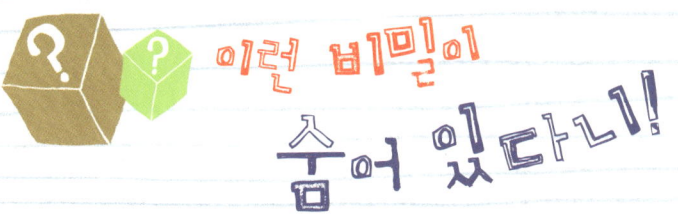

이런 비밀이 숨어 있다니!

왜 인도 사람들이 갠지스 강을 성스럽게 여기는지 아니? 그 이유는 힌두교에서 찾을 수 있어. 기원전 1000년 무렵, 갠지스 강을 중심으로 힌두교가 생겨났거든.

힌두교에서는 갠지스 강을 시바 신이 하늘의 물을 받아 땅으로 흘려보낸 강이라고 믿어. 그래서 인도 사람들이 이 강을 성스럽게 생각하는 거지.

갠지스 강은 인도 사람들에게 젖줄이며 영원한 생명수와 같아. 사람들은 갠지스 강에서 목욕하면 그동안 지은 죄가 모두 씻겨 나간다고 믿어. 그래서 평생에 한 번만이라도 갠지스 강에서 목욕하기를 바라지.

인도 사람들의 생애는 갠지스 강에서 시작되어 갠지스 강에서 끝난다고 할 수 있어. 세상에 태어나 갠지스 강에서 세례를 받고, 죽은 다음에는 화장한 뼛가루를 갠지스 강에 흘려보내기 때문이지. 뼛가루를 갠지스 강에 뿌려야 영혼이 속죄를 받아 극락에 갈 수 있다고 믿는단다.

세계의 지붕
에베레스트 산

에베레스트 산에는 1년 내내 거센 바람이 불고 눈보라가 몰아쳐요. 하지만 전 세계 등산가들은 에베레스트를 오르는 게 최고의 도전이자 목표라고 말한답니다. 산에 어떤 매력이 있기에 사람들의 발길이 끊이지 않는 걸까요?

국기 독특하게도 직각 삼각형 2개가 아래위로 겹쳐져 있다. 바탕을 이루는 빨간색은 행운을, 테두리의 파란색은 세계를 상징한다. 달은 왕실과 평화를, 태양은 재상 일가와 힘을 의미한다. 국가가 달과 태양처럼 길이 번영하기를 바란다는 뜻이다.

역사 18세기 중반까지 소규모 왕국들로 나뉘어 있다가 고르카 왕국의 왕이 1775년에 네팔 지역을 거의 통일했다.
19세기 초에는 인도 북부까지 영토를 확장하려다 영국과 부딪혔고, 1814년부터 1816년까지 치른 전쟁에서 영국이 승리했다. 전쟁 이후 두 나라는 동맹을 맺었다.
1846년 이후부터 라나 가문의 수상들이 오랫동안 독재 정치를 했다. 그러나 1950년 네팔 의회당이 이끄는 혁명군이 라나 체제를 무너뜨리고 왕정 정치를 폈다. 정치적으로 불안한 상황이 이어졌고, 민주화 운동이 계속 일어났다. 그 후 2008년에 국왕제가 폐지되고 네팔 공화국 시대가 열렸다.

정보 네팔의 공식 이름은 네팔 연방 민주 공화국이다. 수도는 카트만두이고, 네팔 어를 사용한다.

지구에서 하늘과 가장 가까운 곳은 어디일까요? 발 아래에 온 세상을 두고 싶어 하는 사람들이 찾아가는 곳, 바로 히말라야 산맥이에요. 히말라야 산맥은 네팔과 중국 티베트 사이에 있는, 세계에서 제일 높은 산맥이에요. 네팔뿐만 아니라 중국, 인도, 부탄, 파키스탄 등 다섯 나라에 걸쳐 뻗어 있어요.

'히말라야'는 우리말로 '눈의 보금자리'라는 뜻이에요. 산맥의 이름처럼 뾰족하게 솟은 산봉우리마다 새하얀 눈으로 덮여 있어요. 히말라야 산맥에는 에베레스트, k2, 안나푸르나 등 8,000미터가 넘는 높은 산들이 14개나 모여 있지요. 이것을 '히말라야 14좌'라고도 불러요.

왜 히말라야 산맥에는 높은 산들이 많이 몰려 있을까요?

아주 먼 옛날, 약 1억 3500만 년 전에는 인도와 아시아 대륙이 서로 떨어져 있었어요. 시간이 흐르면서 두 대륙이 조금씩 가까워지다가 약 5000만 년 전에 쾅 하고 부딪치고 말았어요.

커다란 땅덩이가 서로 부딪쳤으니 충격이 굉장했겠지요? 땅이 갈라지고 바다에는 산보다도 높은 해일이 일어났어요. 이때 바다 밑에 있던 땅이 솟구쳐 올라왔는데, 그것이 히말라야 산맥이랍니다.

히말라야에 있는 산들 중에서 가장 유명한 것은 에베레스트 산이에요. 8,848미터로 세상에서 가장 높아요. 에베레스트 산의 원래 이름은 '초모룽마'예요. 티베트 어로 '이 세상의 여신'이라는 뜻이지요. 네팔에서는 '사가르마타', 중국에서는 '주무랑마'라고 부른답니다.

'에베레스트'라는 이름은 19세기 무렵, 영국 사람들이 붙였어요. 당시 영국은 지도를 만들기 위해 히말라야 산맥에 있는 산들의 높이를 쟀어요. 그 결과 '봉우리 15'라고 불리던 산이 가장 높다는 사실을 알게 되었지요. 영국 사람들은 측량을 이끌었던 전임자 조지 에베레스트의 공적을 기려 '봉우리 15'를 '에베레스트'라고 지었답니다.

에베레스트 산에는 1년 내내 거센 바람이 불고 눈보라가 몰아쳐요. 산소도 부족하고 날씨도 아주 추워서 정상 근처에는 동물은 물론 식물도 살지 못해요. 그래서 오랫동안 에베레스트 산에 사람들의 발길이 닿지 않았어요.

　모험가들이 에베레스트 산에 몰려들기 시작한 것은 1920년 이후였어요. 하지만 번번이 정상에 오르지 못하고 발길을 돌려야 했어요. 어떤 사람들은 산을 오르다가 목숨을 잃기도 했지요.

　수많은 사람들이 실패를 거듭한 끝에 1953년 5월 29일, 뉴질랜드 출신의 에드먼드 힐러리 경이 네팔의 셰르파 텐징 노르가이와 함께 최초로 에베레스트 정상을 밟았어요. 그 후로 세계 여러 나라의 등반가들이 용기 내어 에베레스트 등정에 도전하고 있답니다.

1977년 9월 15일, 한국인으로는 최초로 고상돈 대원이 에베레스트 산을 정복했어.

이런 비밀이 숨어 있다니!

에베레스트 산을 오르려면 셰르파가 있어야 한다는 걸 아니? 셰르파는 히말라야 등반대의 짐을 나르고 길을 안내하는 사람이야.

셰르파는 티베트 어로 '동쪽 사람'이라는 뜻인데, 네팔 동부에 있는 남체 바자르에 살아서 붙여진 이름이지. 남체 바자르는 에베레스트 자락에 있는 산골 마을로 3,440미터나 올라가야 있단다.

셰르파가 산악 등반 안내인이 된 것은 1920년대부터야. 이때부터 사람들이 에베레스트 정복에 나서기 시작했거든. 에베레스트처럼 높은 산에 오르려면 짐이 굉장히 많이 필요해. 산길도 복잡해서 길을 안내해 줄 사람이 필요했지.

셰르파는 이런 일을 하기에 딱 맞춤인 사람들이었어. 높은 산자락 마을에 살아서 산의 지리에 훤했고, 체력이 좋아서 추운 날씨와 산소가 부족한 높은 산에서도 잘 견뎠거든.

그러나 셰르파는 단순한 안내인이 아니야. 등반 준비를 돕는 것은 물론 등반에 필요한 모든 것에 대해 조언해 주거든. 지금 네팔에는 7만여 명의 셰르파들이 살고 있단다.

셰르파는 50킬로그램의 무거운 짐도 거뜬히 지고 가.

싱가포르

상상력이 만든
머라이언 상

싱가포르는 동남아시아 최고의 부자 나라이며
세계 경제의 중심지 가운데 하나랍니다.
싱가포르에 가면 머라이언 상을 볼 수 있는데,
이것을 보러 오는 관광객들이 아주 많아요.
머라이언 상이 어떻게 해서 싱가포르의
대표 상징물이 되었는지 함께 알아볼까요?

마리나 베이 샌즈 호텔

국기 빨간 부분에는 초승달과 다섯 개의 별이 그려져 있다. 빨간색은 평등과 우애를, 하얀색은 순수와 미덕을 의미한다. 초승달은 새롭게 발전하는 싱가포르를 상징하며, 다섯 개의 별은 민주·평화·정의·진보·평등의 원칙을 나타낸다.

역사 선사 시대부터 싱가포르 섬에 사람이 살았다. 13세기부터 '싱가포르'라는 이름이 붙었고, 14세기에 교역 중심지가 되었다. 16세기에는 포르투갈이, 17세기에는 네덜란드가 지배했다가 1824년에 영국이 싱가포르 전체를 통치했다. 이후 1963년에 말레이시아 연방에 가입했다가 1965년에 탈퇴해 주권 국가로 독립했다.

정보 싱가포르의 공식 이름은 싱가포르 공화국이다. 수도는 싱가포르이고, 영어·중국어·말레이 어를 함께 사용한다.

싱가포르는 서울보다 조금 더 큰 국가예요. "작은 고추가 맵다."는 속담처럼 나라의 크기는 작지만 경제적으로 크게 성장한 동남아시아의 강대국이지요.

싱가포르에 가면 상반신은 사자 모양이고 하반신은 물고기 모양인 독특한 동물상을 곳곳에서 볼 수 있어요. 이것을 '머라이언(Merlion)'이라고 해요. 머라이언 상은 싱가포르의 얼굴이자 상징과도 같은 존재예요.

머라이언 상에는 재미있는 전설이 전해 내려온답니다.

아주 먼 옛날, 말레이 반도 끝에 '테마섹'이라는 섬마을이 있었어요. 그런데 어느 날 어마어마한 태풍이 테마섹 섬을 덮쳤어요. 세찬 바람은 섬 전체를 삼킬 듯 거셌어요. 하늘에 구멍이라도 뚫린 것처럼 굵은 빗줄기가 끊임없이 쏟아졌고요. 거센 바람에 나무가 뿌리째 뽑혀 나갔고, 홍수가 나서 집들은 모조리 물에 잠겨 버렸어요.

"큰일 났어요. 이러다가 우리 모두 물고기 밥이 되고 말 거예요!"

"하늘이 크게 화나신 것 같습니다. 우리 모두 하늘에 빌어 봅시다."

섬사람들은 무릎을 꿇고 하늘에 기도를 드렸어요. 얼마나 지났을까요?

갑자기 바다에서 무지갯빛 다리가 떠오르더니, 그 위로 지금까지 보지 못했던 동물이 모습을 드러냈어요. 자세히 보니 반은 물고기, 반은 사자 모습을 하고 있었어요. 그 동물은 하늘을 향해 고함을 치고는 검은 먹구름과 거친 비바람, 세찬 빗줄기에 맞서 싸우기 시작했어요. 잠시 후 집어삼킬 듯한 폭풍우가 잦아들고 바람도 얌전해졌어요. 비도 더 이상 내리지 않았고요.

머라이언은 인어(Mermaid)와 사자(Lion)를 합친 말이야.

"만세! 이제 살았구나."

사람들은 서로 얼싸안고 기뻐했어요.

섬이 고요해지자 그 동물은 꼬리를 치면서 바다로 되돌아갔어요. 이 전설 속의 동물이 바로 머라이언이랍니다.

전설에서 알 수 있듯이, 싱가포르는 사자 얼굴의 머라이언과 밀접한 관련이 있어요. '싱가포르(Singapore)'의 '싱가(Singa)'가 '사자'라는 뜻이고, '포르(pore)'는 '언덕'이라는 뜻인데, 두 단어를 합치면 '사자가 있는 언덕'이 되거든요.

왜 이런 이름이 붙여졌을까요?

13세기에 인도네시아 수마트라 섬의 왕자가 지금의 싱가포르가 있는 곳에서 낯선 동물을 보았는데, 멀리서 보니 마치 사자처럼 보였어요.

"저곳에는 사자들이 많은가 보구나. 앞으로 저곳을 사자가 있는 언덕, '싱가푸라(Singapura)'라고 불러야겠다."

이렇게 해서 싱가포르의 어원이 생기게 되었답니다. 그런데 재미있는 것은 싱가포르에는 사자가 없다는 거예요. 그러면 그때 왕자가 본 동물은 무엇이었을까요? 아쉽게도 그것은 여전히 풀리지 않는 수수께끼로 남아 있어요.

싱가포르는 독립을 기념하고 국민들의 마음을 하나로 모으기 위해 머라이언 상을 만들었어.

이런 비밀이 숨어 있다니!

싱가포르를 왜 '파인 컨트리(Fine Country)'라고 부르는지 아니? 'Fine'에는 두 가지 뜻이 있어. 바로 '벌금'이란 뜻과 '깨끗한'이란 뜻이지.

싱가포르는 공공질서를 어지럽히는 범죄에 대해 엄격한 벌금을 무는 나라야. 길을 가다 거리에 담배꽁초를 버리면 우리나라 돈으로 무려 25만 원의 벌금을 물어야 하고, 쓰레기를 버리거나 거리에 침을 뱉거나 지하철 같은 공공장소에서 함부로 음식을 먹으면 약 50만 원의 벌금을 내야 해. 식당이나 자동 승강기 안에서 담배를 피워도 벌금을 내야 하지.

이렇게 벌금을 많이 걷다 보니 자연스럽게 싱가포르의 거리와 도로가 깨끗해졌어. 그래서 싱가포르를 '파인 컨트리(Fine Country)'라고 부르는 거란다.

싱가포르는 도시 곳곳이 깨끗해.

태국의 스타
국왕

태국 사람들이 가장 사랑하고 존경하는
사람이 누구인지 아나요? 바로 태국의 국왕이에요.
그러니까 태국에서는 국왕을 모독하는
행동이나 말을 하면 안 돼요.
지금부터 태국의 국왕이 왜 존경을 받는지 알아보아요.

국민의 95퍼센트가 불교를 믿고, 나머지는 이슬람교, 힌두교, 유대교 등을 믿어.

쑤타이 전통 의상

국기 빨간색은 국민을, 하얀색은 순결을, 파란색은 왕권을 상징한다.

역사 13세기에서 15세기 동안 치앙마이, 수코타이, 아유타야 등의 도시에 왕국이 세워졌다. 이 중 아유타야 왕국은 14세기 말에서 15세기 초에 이웃 영토를 지배하고 16세기 무렵에 아시아의 무역 중심지가 되었다. 하지만 1767년 버마의 침략에 무너져 근대로 접어들었다. 이후 딱신 장군이 버마를 몰아내고, 1782년 짜끄리 왕조의 라마 1세가 수도를 방콕으로 옮기면서 방콕 시대가 열렸다. 태국은 왕국의 전통을 이어 오다가 1932년 입헌 군주제 국가가 되었다.

정보 태국의 공식 이름은 타이 왕국이다. 수도는 방콕이고, 타이 어를 공식 언어로 사용한다.

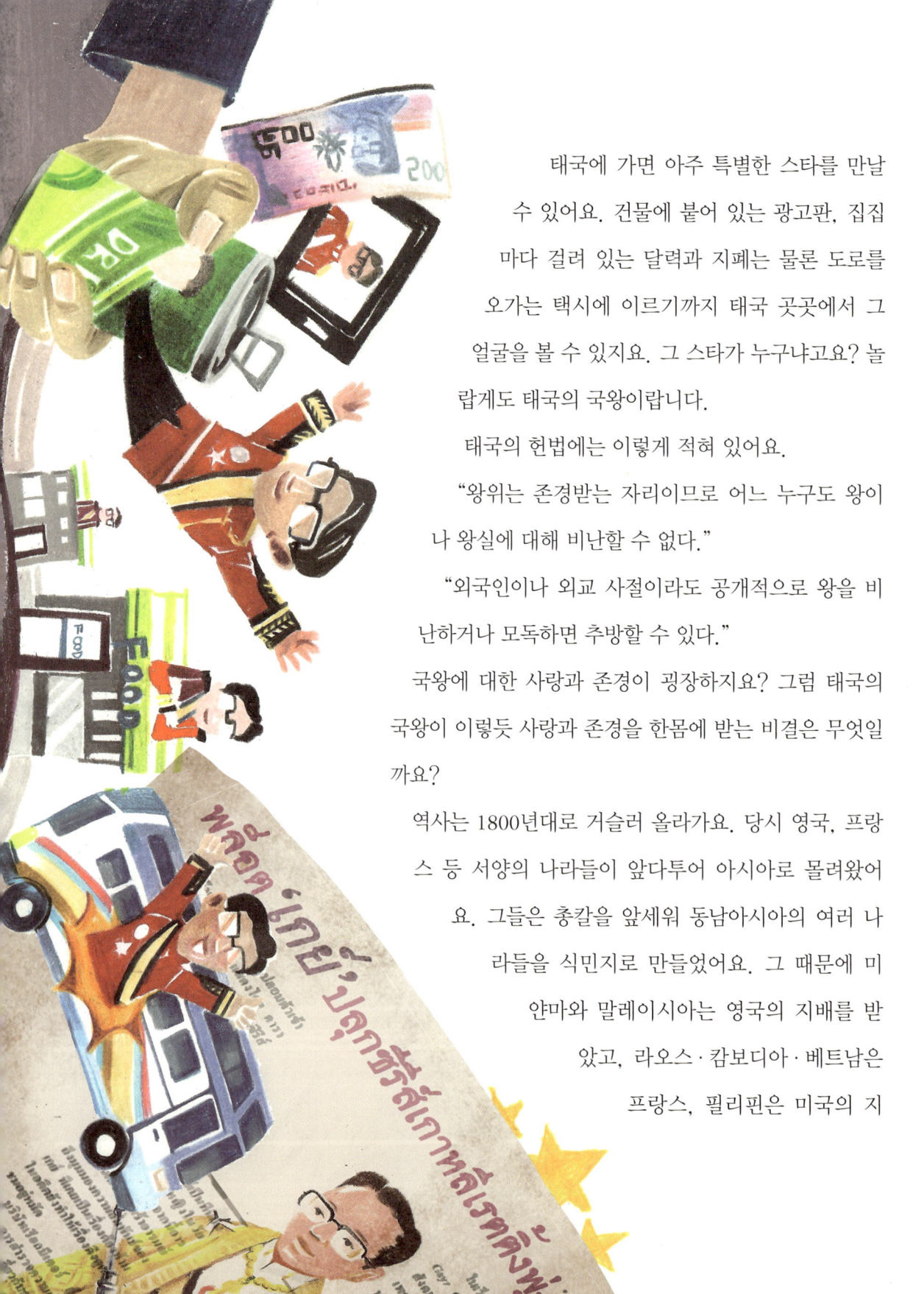

태국에 가면 아주 특별한 스타를 만날 수 있어요. 건물에 붙어 있는 광고판, 집집마다 걸려 있는 달력과 지폐는 물론 도로를 오가는 택시에 이르기까지 태국 곳곳에서 그 얼굴을 볼 수 있지요. 그 스타가 누구냐고요? 놀랍게도 태국의 국왕이랍니다.

태국의 헌법에는 이렇게 적혀 있어요.

"왕위는 존경받는 자리이므로 어느 누구도 왕이나 왕실에 대해 비난할 수 없다."

"외국인이나 외교 사절이라도 공개적으로 왕을 비난하거나 모독하면 추방할 수 있다."

국왕에 대한 사랑과 존경이 굉장하지요? 그럼 태국의 국왕이 이렇듯 사랑과 존경을 한몸에 받는 비결은 무엇일까요?

역사는 1800년대로 거슬러 올라가요. 당시 영국, 프랑스 등 서양의 나라들이 앞다투어 아시아로 몰려왔어요. 그들은 총칼을 앞세워 동남아시아의 여러 나라들을 식민지로 만들었어요. 그 때문에 미얀마와 말레이시아는 영국의 지배를 받았고, 라오스·캄보디아·베트남은 프랑스, 필리핀은 미국의 지배를 받았지요. 서양의 여러 나라들은 태국에도 눈독을 들였어요. 그중 영국과 프랑스는 태국을 집어삼키기 위해 호시탐탐 기회를 엿보았어요.

당시 태국의 왕은 쭐랄롱꼰 왕(라마 5세)이었어요.

"조국이 위급한 상황에 놓였지만 정신을 차리면 살아남을 수 있다. 이를 위해 먼저 나라의 힘을 키워야 한다."

왕은 개혁 정책을 실시해 나라의 힘을 키웠어요. 노예 제도를 없애고, 법률을 개혁하고, 근대적인 제도를 만들었어요. 또 영국과 프랑스의 사이가 좋지 않은 점을 이용해 서양 세력으로부터 나라를 지켜 냈답니다.

이에 국민들은 국왕을 믿고 의지하며 존경하게 되었지요. 그런데 1932년에 정치 제도가 바뀌어 국왕은 상징적인 존재로만 남고, 수상이 나라를 다스리게 되었어요. 그럼에도 국왕의 권위는 사라지지 않고 오늘날까지 이어지고 있답니다.

지금의 국왕은 푸미폰 국왕(라마 9세)인데, 국민의 지지를 크게 받기 때문에 태국 역사상 가장 오랫동안 자리를 지키고 있어요. 푸미폰 국왕은 국왕이라고 해서 궁궐에서 자리만 지키는 것이 아니라 국민들을 위해 발 벗고 나서지요. 해마다 6개월 이상 농촌 곳곳을 돌아다니면서 국민들의 생활 모습을 눈으로 보고 느낀 다음 실질적으로 도움이 되는 정책들을 만들었어요. 비가 많이 내리지 않는 태국의 환경에 맞게 저수지를 만들고, 환경을 보호하자는 운동도 모두 왕에게서 비롯된 거예요.

푸미폰 국왕은 정치적인 면에서도 윗사람의 역할을 톡톡히 해내고 있어요. 태국에서는 군인들의 힘이 강해 강제로 정권을 빼앗는 쿠데타가 자주 일어나요. 그래서 쿠데타를 반대하는 학생들이나 시민들의 시위가 많지요. 이럴 때마다 푸미폰 국왕은 국민들의 편에 서서 목소리를 냈어요. 태국에서는 군인들이 쿠데타를 일으켜도 왕이 인정하지 않으면 권력을 손에 쥘 수가 없거든요.

이러한 이유들 때문에 푸미폰 국왕은 60여 년 동안 국민들의 사랑을 받고 있답니다.

태국에서는 푸미폰 국왕의 생일을 공휴일로 정했어.

푸미폰 국왕은 2016년 10월 13일에 88세로 세상을 떠났습니다.
1946년 6월 9일에 즉위한 이래 70년 126일 동안 재위하면서 세계에서 가장 오랜 기간 왕위를 지킨 왕으로 기록됐습니다.

이런 비밀이 숨어 있다니!

태국에서 제일 인기 있는 직업이 승려라는 거 아니? 태국은 불교의 나라야. 남자들이 20살이 되면 절에 들어가는 전통이 있을 만큼 불교가 아주 친숙한 종교이지. 태국에서 불교는 1230년 무렵부터 널리 퍼지기 시작했어.

태국은 원래 여러 개의 왕국으로 나뉘어 있었는데, 수코타이 왕국의 세 번째 왕 람캄행 왕이 왕국을 통일했지. 람캄행 왕은 지금의 미얀마와 라오스까지 영토를 넓혀 아주 큰 왕국을 세웠어. 나라가 커지고 다스려야 할 백성이 많아지자 백성의 마음을 하나로 모을 필요가 있었지. 그래서 람캄행 왕은 부처님을 모실 사원을 크게 짓고, 스스로 승려가 되어 불교를 알렸어. 왕이 모범을 보이자 불교를 믿는 백성들도 점점 늘었어. 그러면서 불교가 태국 사람들의 생활 깊숙이 파고들었지.

태국에서는 승려가 왕족 다음으로 존경받아. 사회적으로 높은 대우를 받기 때문에 태국에서는 아주 인기 있는 직업이란다.

밀림 속 석조 건축물
앙코르 와트

캄보디아의 대표 유적지, 앙코르 와트는 9세기부터 15세기까지 동남아시아에서 큰 세력을 떨쳤던 크메르 왕국 때 만들어졌어요. 그런데 밀림 한가운데에 어떻게 거대한 석조 건축물을 세울 수 있었을까요? 지금부터 그 비밀을 풀어 볼게요.

국기 파란색, 빨간색, 파란색의 삼색기이다. 가운데 3개의 하얀 탑은 앙코르와트 사원을 표현한 것이다.

역사 캄보디아는 중국과 인도의 문화를 받아들여 동남아시아로 전파하는 역할을 했다.
앙코르 와트를 세운 크메르 왕국은 캄보디아 왕국 중 가장 큰 힘을 가진 나라였다. 12세기에는 전성기를 이루어 베트남, 태국, 라오스까지 지배했다가 15세기에 멸망했다. 이후 캄보디아는 프랑스와 일본의 식민지였다가 제2차 세계 대전이 끝난 뒤에 독립을 했다.

정보 캄보디아의 공식 이름은 캄보디아 왕국이다. 수도는 프놈펜이고, 크메르 어를 사용한다.

1861년 프랑스의 동식물 학자인 앙리 무오는 프랑스에서 연구할 종들을 수집하기 위해 탐사하던 중 원주민으로부터 이런 이야기를 들었어요.

"밀림 속에 있는 저주 받은 신전에 들어가면 살아서는 밀림 밖으로 나오지 못할 것이오."

하지만 무오는 호기심이 생겨 며칠째 캄보디아 밀림 속을 헤매고 다녔어요.

'이런 밀림 속에 신전이 있다는 게 사실일까?'

무오는 저주받은 신전을 찾기 위해 밀림 속 깊이 걸어 들어갔어요. 키 큰 나무들이 하늘을 향해 쭉쭉 뻗어 있는 밀림 속은 한낮인데도 밤처럼 어두컴컴했어요. 무성하게 자란 나뭇잎들 때문에 한 치 앞도 보이지 않았지만, 무오는 칼로 나뭇잎과 나뭇가지들을 잘라 내면서 조금씩 앞으로 나아갔어요. 그렇게 밀림 속을 샅샅이 헤맸지만 신전은 보이지 않았지요.

"그럼 그렇지. 누가 이 울창한 밀림 속에 신전을 세울 수 있겠어?"

무오가 포기하고 발길을 돌리려는 순간, 짙은 초록색 이끼로 뒤덮인 나무들 사이로 무언가 보였어요. 무오는 조심스럽게 다가갔어요. 나무 사이로 보이는 것은 이끼로 뒤덮인 돌탑이었어요. 깜짝 놀란 무오는 근처의 야트막한 봉우리로 올라갔어요. 이윽고 그의 눈앞에 엄청난 규모의 돌탑과 불상들이 펼쳐졌어요.

"이것이 원주민들이 말한 저주의 신전이란 말인가?"

무오가 발견한 것은 바로 앙코르 와트였어요.

앙코르 와트는 12세기 크메르 왕국의 전성기를 이끌었던 수리야바르만 2세가 만들었어요. 신에 비유될 만큼 강력한 왕권을 가졌던 수리야바르만 2세는 백성들에게 이런 명령을 내렸어요.

"내가 죽으면 하늘로 올라가 비슈누 신과 하나가 될 것이다. 그러니 나와 비슈누 신께 기도 드릴 사원을 만들라!"

이렇게 해서 세계 최대의 종교 건축물인 앙코르 와트가 만들어졌답니다.

'왕도'라는 뜻의 '앙코르(Angkor)'와 '사원(Wat)'이라는 뜻의 '와트'가 합쳐진 말로도 알 수 있듯이, 앙코르 와트는 종교 건축물일 뿐만 아니라 왕권을 나타내는 기념물이기도 해요. 또 세계에서 손꼽힐 정도로 웅장하고 아름다운 건축물이지요.

앙코르 와트는 규모도 압도적인 데다가 바깥벽은 동서로 약 1,500미터, 남북으로 1,300미터나 되는 거대한 직사각형 모양을 띠고 있어요. 건축물을 다 지을 때까지 무려 40년이 걸릴 정도로 규모가 큰 작업이었지요.

앙코르 와트는 수많은 석상과 돌탑들이 조화를 이루고, 웅장하면서도 섬세한 조각 솜씨가 더해져 보는 이로 하여금 감탄하게 만들어요. 그래서 유럽 사람들은 앙코르 와트를 '동양의 기적'이라고 불렀답니다.

앙코르 와트에서는 힌두교 유물과 불교 유물이 모두 나왔어.

이런 비밀이 숨어 있다니!

앙코르 와트를 만든 크메르 왕국은 어떤 나라였을까? 9세기 무렵에 등장한 크메르 왕국은 캄보디아는 물론 베트남, 태국, 말레이 반도 일부까지 세력을 떨쳤어. 넓은 영토뿐만 아니라 과학 기술도 발달시켰지.

당시 크메르 왕국은 농사짓기가 어려운 곳이었어. 6개월은 비 한 방울 내리지 않는 가뭄기였고, 나머지 6개월은 물난리가 날 정도로 비가 많이 내리는 홍수기였으니까. 그래서 크메르 왕국에서는 땅을 파서 인공 저수지를 만들었어. 필요할 때마다 물을 댈 수 있게 말이야. 그 덕에 1년에 농사를 두 번 지을 수 있었지. 식량이 풍부해지자 나라의 힘이 더 강해졌어.

크메르 왕국이 가장 번성한 시기는 12세기였는데, 이때의 인구가 무려 100만 명이었다고 하니 그 위력을 짐작할 수 있겠지? 하지만 13세기부터 점점 힘이 약해지다가 15세기 아유타야 왕국(태국)에게 멸망했어. 그러면서 앙코르 와트도 덩달아 밀림 속에 방치되어 있다가 1861년에 다시 세상에 나오게 된 거야. 하지만 전쟁과 약탈로 유적지가 많이 훼손되고, 유물도 상당수 도난당하는 등 몸살을 겪어야 했단다.

고대 이집트 문명의 상징
피라미드

이집트는 가장 오랜 문명의 역사를 지닌
나라 가운데 하나예요.
이곳에는 피라미드가 많은데, 고대 이집트 왕들이
죽기 전에 자신의 무덤으로 만든 거예요.
왕들은 무슨 이유로 피라미드를 만들었던 걸까요?
지금부터 그 이유를 알아보아요.

국기 빨간색은 혁명을 뜻하고, 하얀색은 밝은 미래를, 검은색은 힘들었던 옛날을 의미한다. 가운데에 그려진 독수리 문양은 이슬람교의 영웅 정치가인 살라딘을 상징한다.

역사 기원전 3000년 무렵 나일 강 유역에서 일어난 문명이 이집트 역사의 시작이다. 30여 개의 파라오 왕조가 흥망을 거듭했는데 고왕조, 중왕조, 신왕조 시기로 구분한다. 이후 알렉산더 대왕과 로마 제국이 이집트를 정복했고 639년 이슬람 군이 이집트를 지배했다. 1798년 나폴레옹이 정복한 후에는 1801년까지 프랑스의 지배를 받았고 1882년에는 영국의 지배를 받았다. 이집트는 1922년에 영국으로부터 독립했으며, 1953년에 혁명으로 왕정이 폐지되고 이집트 아랍 공화국이 세워졌다.

정보 이집트의 공식 이름은 이집트 아랍 공화국이다. 수도는 카이로이고, 아랍 어를 공식 언어로 사용한다.

'이집트' 하면 가장 먼저 떠오르는 것이 피라미드예요. 피라미드는 파라오의 무덤이지요. 파라오는 이집트를 다스린 왕을 일컫는 말인데, '큰 땅을 다스리는 사람'이라는 뜻이에요.

피라미드를 보면 당시 이집트의 건축 기술이 얼마나 뛰어났는지 짐작할 수 있어요. 가장 대표적인 피라미드는 기자에 있는 쿠푸 왕의 피라미드랍니다.

기원전 2690년 무렵, 쿠푸 왕이 신하들에게 명을 내렸어요.

"내가 세상을 떠난 뒤에도 내 영혼이 머물 수 있게 피라미드를 만들어라!"

피라미드를 세울 곳은 나일 강 서쪽이었어요. 피라미드를 지으려면 큰 돌들이 필요했어요. 그런데 돌들을 구해 올 채석장은 나일 강 서쪽에서 멀리 떨어져 있었어요. 그래서 돌들을 운반하려면 배에 옮긴 다음 피라미드를 세울 곳까지 일일이 날라야 했어요.

"운반하기 쉽게 돌을 네모 모양으로 자르자."

하지만 당시는 전기톱도 없던 시대였어요. 그런데 어떻게 돌을 잘랐을까요?

먼저 커다란 바위에 깊게 구멍을 냈어요. 그 다음 나무의 끝부분을 뾰족하게 해서 바위 구멍에 쐐기를 박고 거기

에 물을 부었어요. 그렇게 하면 물에 젖어 쐐기의 부피가 늘어나고 시간이 갈수록 점점 더 부풀어서 커다란 바위를 쪼갤 수 있었어요. 그렇게 쪼갠 돌을 지렛대를 이용해 배에 옮겨 싣고 나일 강을 건넜어요.

당시 피라미드를 짓는 데 동원된 사람은 무려 10만 명이 넘었고, 완성되기까지도 자그마치 20년이 걸렸다고 해요. 이렇게 만들어진 피라미드는 어마어마하게 컸어요. 높이는 137미터가 넘고, 각 변의 길이는 230미터가 넘었지요.

쿠푸 왕의 피라미드는 오늘날의 건축 기술로도 완벽하게 재현하기 힘들 만큼 정교하게 만들어졌어요. 피라미드의 네 면이 정확하게 동서남북을 가리키고, 입구는 북극성을 향하고 있지요.

피라미드 안에는 파라오의 시신과 사용하던 물건들을 두었어요. 시신은 썩지 않게 특수 처리를 했어요. 시신에서 장기를 꺼내 따로 항아리에 담고, 시신에는 소금과 모래를 채워 향유로 썩지 않게 처

리한 다음 긴 천을 감았지요. 이것이 바로 미라예요.

　당시 파라오는 신처럼 막강한 힘을 가지고 있었어요. 그래서 백성들은 파라오를 신처럼 숭배했지요.

　파라오는 죽은 뒤에도 자신의 삶이 계속 이어져야 한다고 생각했어요. 그래서 어마어마한 크기의 피라미드 무덤을 만든 거예요. 실제로 피라미드는 왕권이 굉장히 강했던 때에 만들어졌답니다.

이런 비밀이 숨어 있다니!

스핑크스가 왜 만들어졌는지 아니? 이집트에는 '기자의 3대 피라미드'가 가장 유명해. 이것은 쿠푸 왕, 카프레 왕, 멘카우레 왕의 피라미드를 말하는데, 나란히 붙어 있어. 그런데 특이하게도 카프레 왕의 피라미드 옆에는 스핑크스가 세워져 있단다. 카프레 왕은 쿠푸 왕의 피라미드보다 자신의 피라미드를 더 크게 짓고 싶었어.

"나의 강력한 힘을 보여 줄 방법이 없을까?"

고민하던 카프레 왕은 자신의 모습을 본떠서 스핑크스를 세웠던 거야. 스핑크스는 사람의 얼굴에 사자의 몸을 한 조각상이야. 이집트에서는 여러 개의 스핑크스를 볼 수 있는데, 그중 가장 오래되고 큰 것이 카프레 왕의 피라미드 옆에 있는 고대 스핑크스란다.

이집트 사람들은 자신들이 숭배하는 동물의 모습을 조각이나 그림으로 남겼거든. 그래서 이집트 유물에서 양, 염소, 사자, 고양이 등 다양한 동물 조각과 그림을 볼 수 있어.

스핑크스도 이러한 믿음에서 만들어진 거야. 신처럼 따르는 왕의 얼굴에 신성한 사자의 몸을 지닌 조각상을 만들어 왕의 피라미드를 지키게 한 거지.

이슬람의 고향
메카

메카는 이슬람교를 만든 마호메트의 고향이에요. 그래서 이슬람교도들이 해마다 이곳을 찾아 마호메트를 기리고 참배하지요. 왜 이슬람교도들은 메카를 방문해 마호메트를 기리는 걸까요?

국기 초록색 바탕 위에 "알라 외에는 신이 없고, 마호메트는 예언자이다."라는 이슬람 경전 《코란》의 1절이 적혀 있다. 문구 아래에 칼을 넣은 것은 사우디아라비아의 성지를 지킨다는 뜻이다.

역사 아라비아 반도의 4분의 3을 차지하는 나라이다. 옛날부터 주변의 여러 민족들이 이 지역을 차지하기 위해 수많은 싸움을 벌여 왔다. 1932년 사우디아라비아 왕국이 들어서면서 오늘에 이르고 있다.

정보 사우디아라비아의 공식 이름은 사우디아라비아 왕국이다. 수도는 리야드이고, 아랍 어를 사용한다.

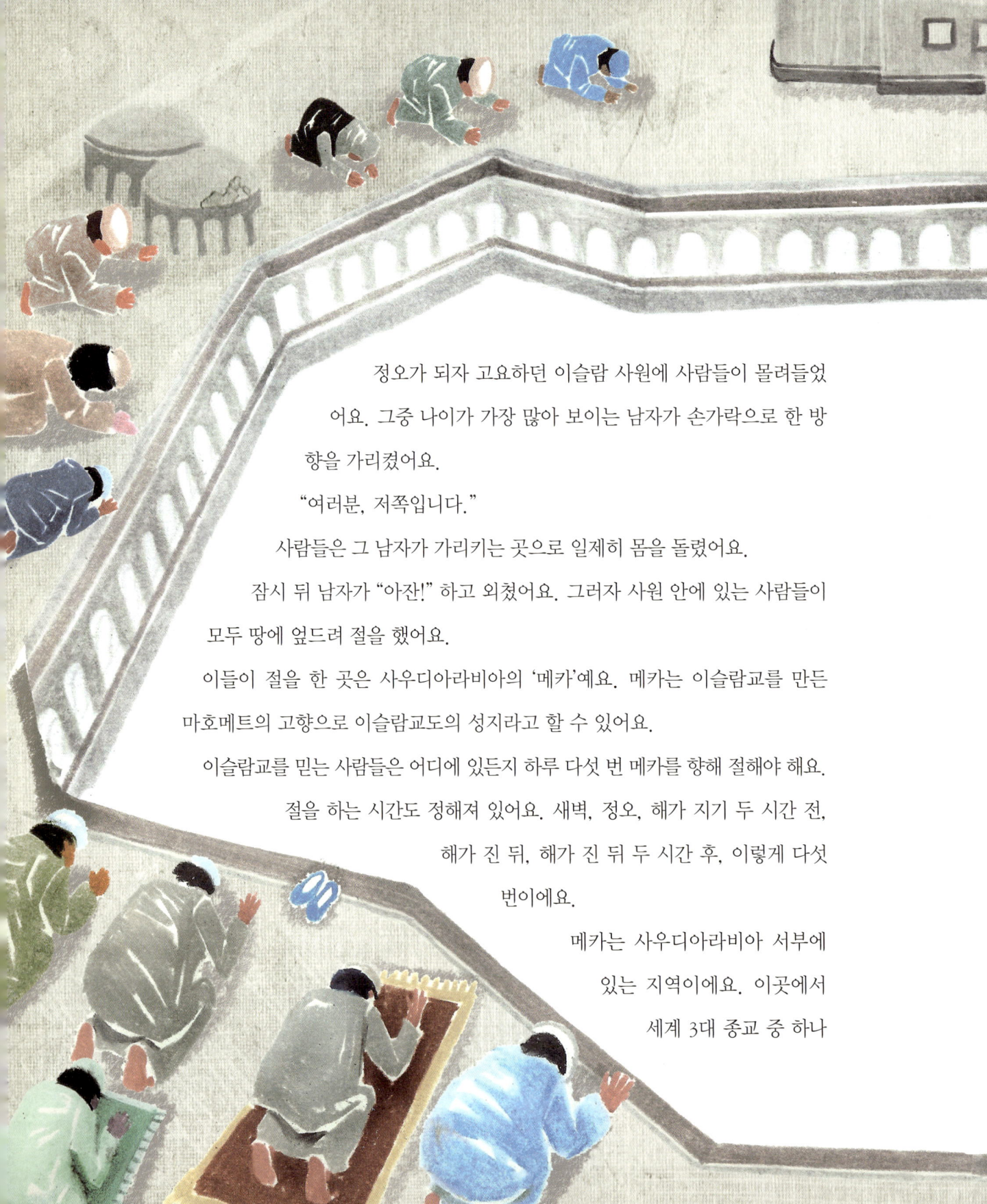

정오가 되자 고요하던 이슬람 사원에 사람들이 몰려들었어요. 그중 나이가 가장 많아 보이는 남자가 손가락으로 한 방향을 가리켰어요.

"여러분, 저쪽입니다."

사람들은 그 남자가 가리키는 곳으로 일제히 몸을 돌렸어요.

잠시 뒤 남자가 "아잔!" 하고 외쳤어요. 그러자 사원 안에 있는 사람들이 모두 땅에 엎드려 절을 했어요.

이들이 절을 한 곳은 사우디아라비아의 '메카'예요. 메카는 이슬람교를 만든 마호메트의 고향으로 이슬람교도의 성지라고 할 수 있어요.

이슬람교를 믿는 사람들은 어디에 있든지 하루 다섯 번 메카를 향해 절해야 해요. 절을 하는 시간도 정해져 있어요. 새벽, 정오, 해가 지기 두 시간 전, 해가 진 뒤, 해가 진 뒤 두 시간 후, 이렇게 다섯 번이에요.

메카는 사우디아라비아 서부에 있는 지역이에요. 이곳에서 세계 3대 종교 중 하나

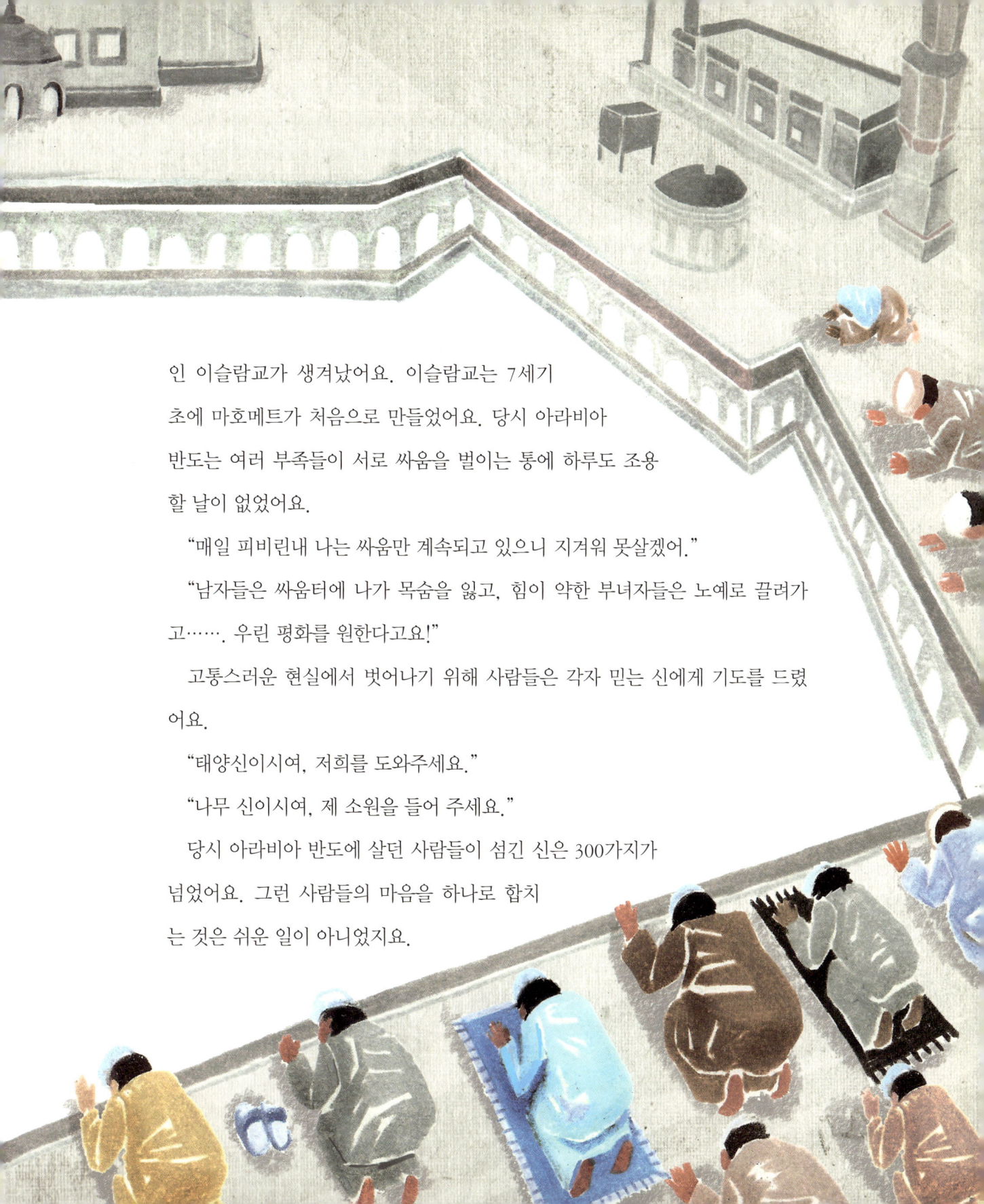

인 이슬람교가 생겨났어요. 이슬람교는 7세기 초에 마호메트가 처음으로 만들었어요. 당시 아라비아 반도는 여러 부족들이 서로 싸움을 벌이는 통에 하루도 조용할 날이 없었어요.

"매일 피비린내 나는 싸움만 계속되고 있으니 지겨워 못살겠어."

"남자들은 싸움터에 나가 목숨을 잃고, 힘이 약한 부녀자들은 노예로 끌려가고……. 우린 평화를 원한다고요!"

고통스러운 현실에서 벗어나기 위해 사람들은 각자 믿는 신에게 기도를 드렸어요.

"태양신이시여, 저희를 도와주세요."

"나무 신이시여, 제 소원을 들어 주세요."

당시 아라비아 반도에 살던 사람들이 섬긴 신은 300가지가 넘었어요. 그런 사람들의 마음을 하나로 합치는 것은 쉬운 일이 아니었지요.

마호메트도 열심히 기도를 했어요. 어느 날 마호메트가 산으로 들어가 동굴 안에서 명상을 하고 있는데, 어디에선가 신비한 목소리가 들려왔어요.

"그대는 평생 알라신을 섬겨라!"

바로 알라신의 목소리였어요.

마호메트는 알라신을 따르는 게 자신의 운명이라고 생각했어요. 그리고 그날부터 사람들에게 알라신을 믿으라고 호소했지요.

"알라신 앞에서는 모두가 평등합니다. 부자도 가난한 사람도 모두 똑같고, 권력이 있든 없든 모두 평등한 존재입니다!"

이렇게 해서 이슬람교가 만들어졌어요.

이슬람은 아라비아 어로 '복종'을 뜻하는 단어예요. 그러니까 이슬람교는 알라신에게 절대 복종을 하면서 마음의 평화를 얻는 종교지요.

메카는 이슬람교가 만들어진 신성한 곳이에요. 그래서 전 세계에서 모인 이슬람교도들로 늘 북적여요. 메카에는 아무나 들어갈 수 없어요. 이슬람교를 믿는 사람들만 들어갈 수 있지요. 이슬람교를 믿는 사람들은 꼭 한 번은 메카를 다녀와야 한답니다.

알라신은 이슬람교의 유일하고 절대적인 신이야.

 이런 비밀이 숨어 있다니!

이슬람교도들이 꼭 지켜야 하는 교리가 뭔지 아니? 돼지고기를 먹으면 안 된다는 거야. 이슬람교의 경전인 《코란》에 "돼지고기를 먹는 사람은 불경한 자가 될 것이다."라고 적혀 있거든. 이슬람교도들은 라마단이 시작되면 해가 떠 있는 동안에는 아무것도 먹지 못해. 라마단은 알라신을 기리는 기간을 말하는데, 이슬람 달력으로 9월이 되면 시작된단다. 라마단 기간에는 해가 진 뒤에야 음식을 먹을 수 있어. 하지만 그것도 허기를 달랠 정도로만 먹어야 하지.

이렇게 하는 이유는 가난하고 굶주린 사람들의 처지를 이해하기 위해서란다.

이슬람 사원에서 라마단을 거행하는 이슬람교도들의 모습이야.

이란

외출 필수품
차도르

이란은 이슬람 문화의 중심 국가예요.
그래서 여성들은 외출할 때 항상 차도르를 써야 해요.
차도르는 이슬람 여성들이 다른 사람에게
얼굴과 몸을 보이지 않기 위해 쓰는 망토이지요.
이슬람 여성들은 왜 차도르로 얼굴과 몸을 가리는 걸까요?

 **국기** 초록색은 이란의 국교인 이슬람교를, 하얀색은 평화를, 빨간색은 용기를 나타낸다. 가운데에 그려진 문양은 이슬람의 '알라'를 아랍 어로 나타낸 것이다.

역사 기원전 550년 무렵 아시아와 아프리카, 유럽에 걸쳐 어마어마하게 큰 나라를 세웠던 페르시아 왕국이 이란의 시작이다. 페르시아 왕국은 기원전 330년 무렵에 멸망했다. 7세기 이후에는 여러 이슬람 왕조들이 페르시아 지역을 통치했다. 그러다가 1502년 사파비 왕조가 일어나면서 강력한 이란 민족 국가를 형성했다. 1935년에 나라의 이름을 '이란'으로 바꾸었다. 이란은 이란 사람들의 조상인 '아리아 사람들의 땅'이라는 뜻이다.

정보 이란의 공식 이름은 이란 이슬람 공화국이다. 수도는 테헤란이고, 페르시아 어를 사용한다.

마슐레 전통 마을 이란의 알프스 마을

이맘 레자 성지 이슬람교 종파의 한 갈래인 시아파의 성지

페르시아의 양탄자

에스파한 시의 이맘 광장 옛 페르시아의 문화를 볼 수 있는 광장

시샤 이란의 물 담배

대부분의 국민이 이슬람교를 믿어.

함무라비 법전 석비 세계에서 가장 오래된 성문법인 함무라비 법전이 새겨진 석비

이란은 아시아 서남부에 있는 나라야.

차도르

이란의 수도 테헤란에 가면 무릎까지 내려오는 기다란 검은색 천을 머리와 몸에 두르고 다니는 여성들을 많이 볼 수 있어요. 이 천을 '차도르'라고 해요. 이란 여성들은 외출할 때 꼭 차도르를 둘러요. 이것은 이슬람교의 영향 때문인데요, 이란뿐 아니라 다른 이슬람교 나라들에서도 여성들이 이런 관습을 따른답니다.

얼굴이나 몸을 가리기 위해 또는 몸치장을 위해 쓰는 천을 흔히 '베일'이라고 하는데, 차도르도 베일의 한 가지예요. 이슬람교 나라들에서 쓰는 베일은 그 형태도 다르고 이름도 달라요. 우선 이란의 차도르는 얼굴만 내놓고 온몸을 가리는 형태예요. 시리아나 쿠웨이트 여성들이 쓰는 베일은 '히잡'이라고 하는데, 머리와 목, 어깨 등 상반신을 가리기 위해 쓰지요.

그런가 하면 아프가니스탄 여성들은 몸 전체를 가리는 '부르카'를 써요. 부르카는 눈 부위에 반투명 망사를 넣어 앞이 보이게 해요. 파키스탄과 모로코 여성들은 눈만 빼고 얼굴 전체를 가리는 '니캅'을 쓴답니다.

그러면 왜 이슬람 여성들이 외출할 때 베일을 쓰는 걸까요?

이슬람교가 만들어지기 전, 당시 아랍 여성들은 여자라는 이유로 심한 차별을 받았어요. 그런데 마호메트가 창시한 이슬람교에서는 여성의 존재를 인정해 주었어요.

"알라신 아래 우리 모두는 평등한 존재다. 여성이라는 이유만으로 차별받아서는 안 된다!"

이렇게 여성이나 남성이나 모두 평등한 존재라는 것이었지요. 그런데 대신 하는 일은 여성과 남성이 다르다고 했어요. 남자는 밖에서 일해 가족들을 먹여 살리고, 여자는 집 안에서 살림하며 자녀를 길러야 한다고 했지요. 그러다 보니 집안일을 주로 하는 여성들은 밖에 나갈 일이 거의 없었어요. 그리고 간혹 밖에 나가게 되면 이슬람교의 가르침에 따라 베일을 썼어요. 이슬람교에서 베일을 쓰게 한 이유는 여성들을 보호하기 위해서였어요. 베일을 쓰고 나가면 낯선 남자의 접촉이나 유혹을 피할 수 있고 다른 위험으로부터도 스스로를 보호할 수 있다고 보았지요. 그렇게 해서 여성들이 베일을 썼고, 오랜 세월 동안 습관처럼 몸에 익어서 지금도 베일을 쓰고 다니는 거예요.

그런데 이슬람 문화권이 아닌 사람들 눈에는 베일이 낯설게 보이기도 해요. 여성들을 차별하고 억압하는 것처럼 여겨지기도 하고요. 그러나 이슬람 여성들은 억지로 베일을 쓰는 게 아니에요. 자신의 문화와 종교적인 신념을 지키기 위해 쓰는 거지요. 그러니까 이슬람 여성들의 베일은 이슬람 문화를 이해하고 다양성을 존중하는 시각에서 보아야 해요.

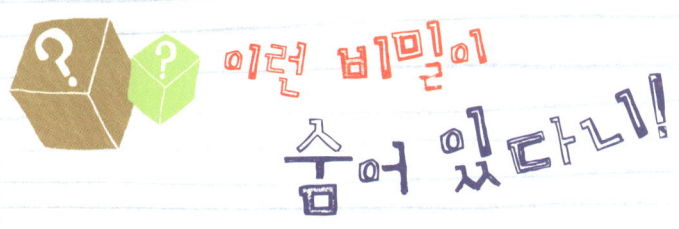
이런 비밀이 숨어 있다니!

이란의 페르시아 양탄자가 왜 유명한지 아니? 페르시아 양탄자가 아주 오랜 역사를 가지고 있고, 예술적 가치도 높기 때문이야.

페르시아 양탄자는 고대 페르시아 사람들이 만들어 쓰기 시작했어. 유목 생활을 하던 페르시아 사람들은 어디를 가든지 양탄자를 가지고 다녔어. 양탄자는 바닥에 깔면 마루가 되고, 벽에 걸면 커튼이 되었지. 또 말을 탈 때에는 말안장이 되기도 했단다. 이처럼 초기의 양탄자는 페르시아 사람들의 필수품이었어.

그러다가 페르시아 제국이 크게 번성하던 시기에 화려한 예술품으로 발전했어. 1700년대에 이르러 페르시아 양탄자가 유럽으로 팔려 나가면서 세계적으로 유명해졌고, 오늘날까지 그 명성을 이어 오고 있지.

야생 동물의 천국
마사이마라 국립 공원

케냐에는 마사이마라 국립 공원이 있어요.
이 국립 공원은 케냐 최고의 야생 동물 서식지로 꼽혀요.
아주 다양한 야생 동물들이 모여 살고 있지요.
그럼 왜 야생 동물들이 이곳에 모여든 걸까요?

 **국기** 검정색은 케냐의 국민을, 빨간색은 자유를 위한 투쟁을, 녹색은 케냐의 자연을 뜻한다. 가운데에 그려진 창과 방패는 케냐의 용감한 마사이 족을 뜻한다.

역사 처음에는 원주민들의 땅이었으나 19세기에 들어서면서 유럽 사람들이 이곳에 발을 내디뎠다. 그중 가장 먼저 진출한 나라는 독일이었다. 이후 영국의 식민지가 되었다가 1965년에 독립했다.

정보 케냐의 공식 이름은 케냐 공화국이다. 수도는 나이로비이고, 영어와 아프리카 토속어인 스와힐리 어를 사용한다.

사자, 얼룩말, 기린, 버펄로……. 모두 동물원에 가야 볼 수 있는 동물들이지요. 그런데 자동차만 타고 나가면 언제, 어디서든지 야생 동물을 볼 수 있는 도시가 있어요.

바로 야생 동물들의 천국, 나이로비예요. 아프리카 케냐의 남서쪽에 자리한 나이로비는 마사이 족의 말로, '차가운 물'이라는 뜻이에요. 케냐의 수도이기도 한 나이로비는 1,700미터나 되는 고원 지대에 있어서 1년 내내 시원한 바람이 불어요. 그래서 많은 케냐 사람들이 이곳에 살고 있지요. 나이로비는 사람뿐만 아니라 동물들이 살기에도 아주 좋은 곳이랍니다.

케냐에서 사람이나 동물들이 살기에 좋은 곳은 그리 많지 않아요. 북쪽은 모래바람이 부는 사막 지역이 많고, 동쪽은 굉장히 덥고 습해서 사람이 살기에 적당하지 않아요.

하지만 중앙과 남쪽은 높은 고원 지대로 이루어져 있어 기후가 온화하고 시원해서 사람들이 살기에 좋아요. 또 열대 밀림 대신 넓은 초원이 펼쳐져 있어서 동물들이 모여 살기에도 좋답니다. 그래서 자연스럽게 야생 동물들의 천국이 되었지요.

나이로비의 초원에는 울타리가 없는 야생 동물원이 있어요. 바로 마사이마라 국립 공원인데요, 공원의 크기가 우리나라 제주도만 하답니다. 어마어마하게 크지요? 공원이 이렇게 크다 보니 차를 타고 둘러봐야 하는데, 이것을 '사파리'라고 해요. 사파리는 스와힐리 어로 '여행'을 뜻해요. 차를 타고 다니면서 차 안에서 동물들을 구경하는 것이지요.

차를 타고 울퉁불퉁한 초원에 흙먼지를 일으키며 달려가다 보면 다양한 동물들이 나타나요. 풀을 뜯는 기린 떼도 보이고, 그 옆으로 염소와 말을 섞어 놓은 것처럼 희한하게 생긴 '누'도 보여요. 누는 특히 이곳에서만 볼 수 있는 야생 동물이랍니다. 늘씬한 영양 떼도 모습을 드러내요. 그런데 멀리서 '두두두' 하고 땅이

사파리를 즐길 때는 창밖으로 얼굴을 내밀면 안돼. 사나운 동물들이 공격해 올 수도 있으니까.

울리는 듯한 소리가 들려요. 희뿌연 먼지를 일으키며 달려온 동물들은 버펄로 떼예요. 버펄로 무리가 탄자니아에서 국경을 넘어온 거랍니다.

동물들이 어떻게 국경을 넘냐고요? 사실 케냐의 마사이마라 국립 공원과 탄자니아의 세렝게티 국립 공원은 국가는 다르지만 하나의 초원이에요. 이곳에 살고 있는 초식 동물들은 정기적으로 풀을 찾아 옮겨 다녀요. 9월에서 10월쯤에는 케냐 쪽으로 오고 1, 2월에는 탄자니아 쪽으로 간답니다.

마사이마라 국립 공원에서 초식 동물들만 볼 수 있는 것은 아니에요. 운이 좋으면 사자나 치타가 사냥하는 광경도 볼 수 있어요. 사자는 무리지어 다니다가 공격을 하고, 날쌘 치타는 살금살금 사냥감에게 다가가 갑자기 공격을 해요. 먹잇감을 사냥한 다음에는 아무도 없는 곳에 가서 해치우지요. 그렇지 않으면 어느 사이에 하이에나 같은 동물들이 달려들어 힘들게 잡은 먹잇감을 훔쳐 가 버리거든요. 이런 생생한 광경들을 직접 볼 수 있어서 야생 동물의 세계를 다루는 다큐멘터리를 많이 제작했고, 수많은 여행객들이 해마다 이곳을 찾는답니다.

케냐에서는 나이로비 국립 공원도 유명해.

이런 비밀이 숨어 있다니!

마사이 족에 대해 들어 본 적 있니? 마사이 족은 옛날부터 케냐에 살던 부족인데 아주 용맹하다고 알려져 있어. 이들은 창이나 칼을 다루는 솜씨가 아주 뛰어나. 어른이 된 마사이 족 남자들은 항상 창을 들고 다니고 창과 칼로 동물을 잡는 사람을 영웅으로 대접한단다.

마사이 족의 머리 모양은 굉장히 독특해. 마사이 족 전사들은 새털로 만든 커다란 모자를 쓰지. 그런가 하면 여자들은 머리를 박박 깎고 다닌단다.

남자들이 여자들보다 더 멋을 내는 것 같다고? 그렇지는 않아. 마사이 족 남자들이 새털 모자를 쓰는 까닭은 멋있게 보이기 위해서가 아니라 용맹하게 보이기 위해서거든. 새털 모자가 사자 갈기처럼 보여서 용맹을 더 과시할 수 있는 거야.

2장 유럽

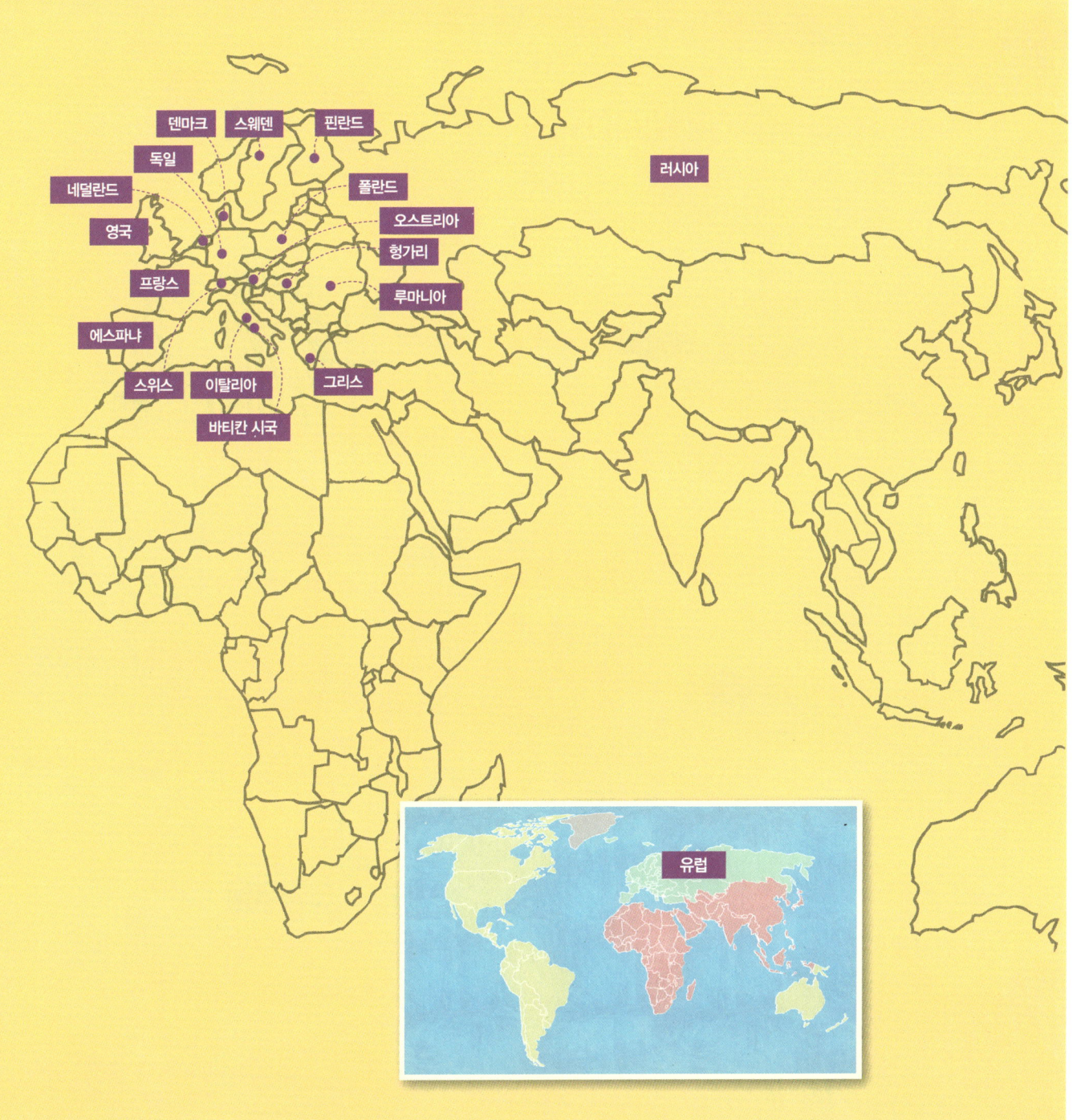

바람의 힘을 이용한
풍차

네덜란드는 육지의 4분의 1이 해수면보다 낮고
바람이 많이 부는 나라예요.
사람이 살기에 좋은 자연환경은 아니지만,
네덜란드 사람들은 풍차를 사용해
척박한 환경을 극복했어요.
네덜란드 사람들이 풍차를 어떻게 활용했는지
알면 그들의 지혜에 깜짝 놀랄 거예요.

국기 위로부터 빨간색, 하얀색, 파란색으로 이루어진 삼색기이다. 빨간색은 용기를, 하얀색은 신앙을, 파란색은 충성심을 상징한다.

역사 네덜란드에 가장 먼저 자리를 잡은 민족은 켈트 족이고, 8세기에 게르만 족이 들어왔다. 16세기 초 에스파냐와 오스트리아의 지배를 받다가 1648년 에스파냐로부터 독립했다. 그 후 17세기에 해상 강국이 되어 세계 곳곳에 식민지를 건설하기도 했다. 영국·프랑스와 치른 전쟁과 격렬한 내란으로 잠시 프랑스의 영토가 되었으나 독립했다.
네덜란드는 국토의 4분의 1이 해수면보다 낮지만, 열악한 환경을 이겨 내고 높은 경제 수준과 안정된 정치로 선진국이 되었다.

정보 네덜란드의 공식 이름은 네덜란드 왕국이다. 수도는 암스테르담이고, 네덜란드 어를 사용한다.

　네덜란드의 암스테르담에는 '한스 브링커'라는 소년의 이야기가 전해 와요. 한스 브링커는 마을을 구한 영웅으로 유명해요.

　어느 날 학교를 마치고 집으로 돌아가던 한스는 둑에 작은 구멍이 나 있는 것을 보았어요. 가까이 가서 보니 구멍 사이로 물줄기가 새어 나오고 있었어요.

　한스는 물이 새어 나오는 구멍에 손가락을 쑥 집어넣었어요. 물줄기는 더 이상 새어 나오지 않았지요. 그런데 시간이 흐르면서 한스의 손가락으로는 도저히 막을 수 없을 정도로 구멍이 커졌어요. 한스는 이번에는 주먹을 쥐어 구멍을 막았어요. 얼마 지나지 않아 구멍이 주먹보다도 더 커졌어요. 생각다 못한 한스는 아예 팔뚝을 쑥 밀어 넣었어요.

　"어떡하지? 이러다간 둑이 무너지겠는걸. 그럼 마을이 물바다가 될 텐데……."

　할 수 없이 한스는 온몸으로 구멍을 막았어요. 세찬 물줄기가 온몸을 때리는 것처럼 아팠지만 꾹 참고 견뎠어요. 하지만 폭포처럼 쏟아지는 물줄기를 막을 수 없었어요.

　한스는 두려운 마음에 크게 소리를 질렀어요.

　"도와주세요!"

　다행히 마을 사람들이 그 소리를 듣고 달려와 한스를 구하고, 둑의 구멍도 막아 냈답니다.

　이 이야기는 미국의 동화 작가, 메리 맵스 닷지가 쓴 《한스 브링커 혹은 은빛

스케이트》에 나와요. 동화의 배경에서도 알 수 있듯이, 네덜란드는 둑이 많은 나라예요. 국토의 4분의 1이 해수면보다 낮아서 바닷물이 범람할 가능성이 높았지요.

실제로 비가 많이 내리면 바닷물이 땅으로 밀려들어 오고, 강물이 넘쳐 마을을 덮치곤 했어요. 그래서 네덜란드 사람들은 둑과 댐을 만들고, 바닷물을 흙으로 메워 육지로 만드는 간척 사업을 활발하게 벌였지요. 해수면보다 낮은 지역에 큰물이 흘러넘치면 풍차로 물을 퍼냈고요.

풍차는 바람의 힘을 기계적인 힘으로 바꾸는 장치예요. 바람이 불면 네 개의 풍차 날개가 돌아가면서 풍차 안의 바퀴를 움직여 물을 퍼 올려요.

다른 나라보다 네덜란드에서 풍차를 많이 사용한 이유는 바람이 많이 불기

'네덜란드'는 '낮은 땅의 나라'라는 뜻이야.

때문이에요. 네덜란드는 평야가 많고 산이 거의 없어서 1년 내내 거센 바람이 불거든요. 풍차를 사용하기에 이보다 더 좋은 자연 조건은 없었지요. 네덜란드에서 풍차를 많이 사용할 때에는 전국에서 9,000개가 넘었어요.

그런데 네덜란드 사람들은 여기서 그치지 않고 풍차를 이용해 다양한 메시지를 전했다고 해요. 예를 들어 풍차의 날개가 '+' 모양으로 정지해 있으면 풍차가 잠시 쉬고 있다는 뜻이에요. 'X' 모양으로 정지해 있으면 당분간 휴업한다는 뜻이지요. 또 날개가 11시 방향을 가리키면 경사로운 일이 있다는 뜻이고, 2시 방향을 가리키면 안 좋은 일이 있다는 뜻이랍니다. 이처럼 풍차에는 척박한 자연 환경을 극복하려는 네덜란드 사람들의 지혜가 담겨 있어요.

오늘날은 기계가 발달해 풍차가 많이 사라졌어요. 전국에 1,000여 개만이 남아 있지요. 이 중에는 옛날 모습 그대로 보존되어 있는 것들이 있어요. 킨더디크 엘슈트 마을에 가면 그런 풍차들을 볼 수 있어요. 이 풍차 마을은 세계 문화유산으로 지정되어 가치를 인정받고 있답니다.

풍차로 곡식을 빻고, 나무를 자르고, 기름도 짰다고 해.

이런 비밀이 숨어 있다니!

튤립이 생겨난 곳이 네덜란드가 아니라 터키라는 걸 아니? '네덜란드를 상징하는 꽃' 하면 튤립이 가장 먼저 떠올라.

하지만 튤립의 원산지는 네덜란드가 아닌 터키란다. 튤립의 모양이 터키 사람들이 쓰던 터번처럼 생겼는데, 터번을 터키 어로 '튈벤드'라고 하거든. 여기서 튤립이라는 이름이 유래한 거지. 튤립은 16세기 이후 유럽 지역으로 퍼져 나갔고 독특한 모양 때문에 귀족들 사이에서 큰 인기를 끌었어. 그러다가 식물학자 얀 반 후겔란데가 네덜란드 땅에서도 잘 자랄 수 있는 꽃으로 개량하여 오늘날의 튤립이 탄생한 거지.

튤립은 네덜란드의 국화(國花)이기도 해. 네덜란드는 튤립을 알리기 위해 해마다 튤립 축제를 열어서 관광객을 불러 모으고 있어. 덕분에 튤립은 네덜란드를 대표하는 꽃으로 전 세계에 수출되고 있단다.

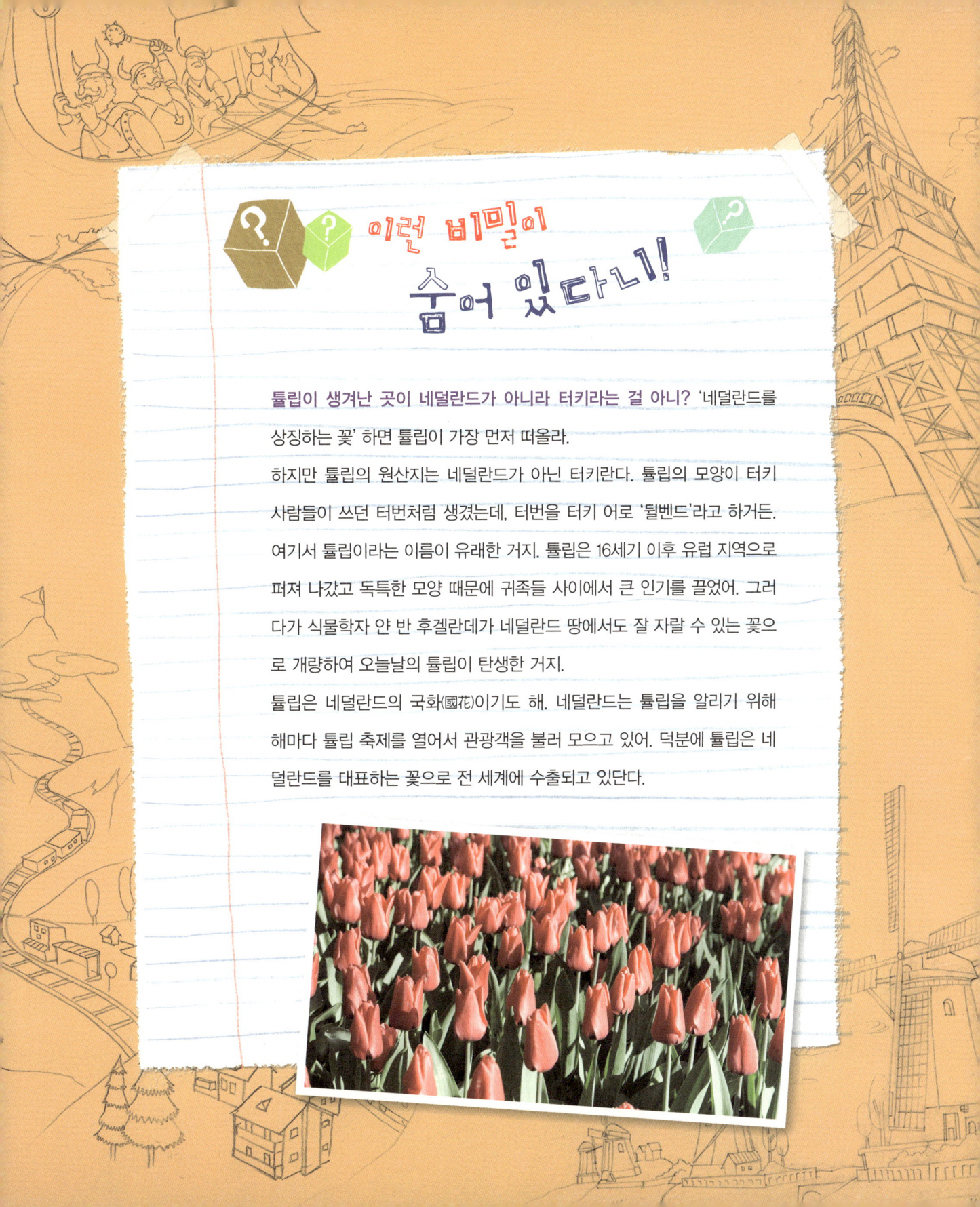

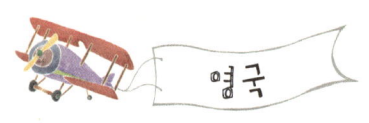

지식과 품위를 갖춘
영국 신사

멋진 중절모를 쓰고 깔끔하게 양복을 입은 신사.
'영국' 하면 이런 신사가 먼저 떠오르지요?
하지만 옛날에는 영국에서 신사를 찾아볼 수 없었다고 해요.
그럼 어떻게 해서 영국이 '신사의 나라'로
불리게 되었을까요? 지금부터 궁금증을 풀어 보아요.

국기 '유니언 잭'이라고 한다. 잉글랜드, 스코틀랜드, 아일랜드를 상징하는 십자가들을 조합해 만들었다. '통합된 나라'라는 뜻이 담겨 있다.

역사 영국은 오랜 역사와 전통을 자랑하는 나라이다. 1066년에 최초의 왕조인 노르만 왕조가 세워졌으며 15세기에 전성기를 맞았다. 엘리자베스 여왕 때 수많은 식민지를 거느려 '해가 지지 않는 나라'라고 불리기도 했다. 18세기 후반 산업 혁명으로 세계에서 가장 부유한 산업 국가가 되었고 20세기에 대제국이 되었다. 하지만 제1·2차 세계 대전의 충격으로 식민지들이 독립을 요구하면서 힘을 잃기 시작했다. 한때 경제 위기에 처했지만, 여전히 산업과 무역의 중심 국가로 역할을 하고 있다.

정보 영국의 공식 이름은 그레이트브리튼 및 북아일랜드 연합 왕국이다. 수도는 런던이고, 영어를 사용한다.

영국을 '신사의 나라'라고 부르는 이유를 알려면 15세기로 거슬러 올라가야 해요. 당시 영국의 귀족들은 자주 싸움을 벌였어요.

"자네가 우리 가문을 욕하고 다닌다며? 용서할 수 없다!"

"뭐라고? 멀쩡한 사람을 의심하지 말라고!"

귀족들은 멱살을 잡고 싸우다가 급기야 허리춤에 차고 있던 칼을 빼 들었어요. 팽팽하게 맞서던 싸움은 한 사람이 다치고서야 끝이 났지요.

원래 영국의 귀족은 부족들끼리 끊임없이 싸워서 만들어진 집단이에요. 그래서 매우 거칠고 사나웠어요. 토론을 하다가도 의견이 맞지 않으면 칼부터 꺼내 들었지요. 말보다 힘이 앞서니 귀족들 사이에서는 싸움이 끊이지 않았고, 이 과정에서 목숨을 잃는 귀족들이 많았어요.

"큰일입니다. 이러다간 평생 싸움만 하다가 망하고 말 겁니다. 싸우지 않고 사이좋게 지낼 수 있는 방법을 생각해 봅시다."

"프랑스에서는 귀족들이 싸우지 않고 서로 에티켓을 지킨다던데, 우리도 그걸 배워 보면 어떨까요?"

영국의 귀족들은 프랑스에서 에티켓을 배워 왔어요. 그 뒤로 귀족들의 모습이 완전히 달라졌지요. 의견이 충돌해도 칼 대신 말로 해결하는 일이 많아졌어요. 어디 그뿐인가요? 생활 태도도 완전히 바뀌었어요. 누구에게나 먼저 인사를 하고, 약한 여성과 아이들을 먼저 보호하는 태도를 보였지요.

"귀족들이 많이 달라졌어."

"예전에는 쌈닭 같았는데, 이제 그런 모습은 볼 수 없단 말이야."

사람들도 호감을 갖고 영국의 귀족들을 보기 시작했어요.

그런데 당시 영국의 귀족 사회에는 독특한 전통이 있었어요. 장남만이 귀족의 지위를 물려받을 수 있었거든요. 장남이 아닌 아들들은 귀족이 될 수 없었지요. 대신 귀족보다는 낮고 농민보다는 높은 지위를 새로 받았어요. 이들을 '젠트리(Gentry)'라고 불렀는데요, '가문이 좋은 사람'이라는 뜻이었어요.

이러다 보니 귀족의 수보다 귀족이 되지 못한 젠트리의 수가 많아졌어요. 이들

에티켓은 예의, 예절을 나타내는 프랑스 어야.

은 영국 전 지역으로 퍼져 살면서 넓은 땅과 많은 재산을 가지고 자신이 사는 지역을 다스렸어요.

그런데 이들에게는 예의 바른 습관이 몸에 배어 있었어요.

"저 사람들은 늘 여성을 먼저 챙겨 주고, 약한 아이들을 보호해 주는군."

"자네도 젠트리처럼 행동하게."

사람들은 젠트리의 행실을 칭찬했어요. 그러면서 어느 사이에 젠트리는 '예의 바르고 점잖은 사람'을 뜻하는 말로 변했어요. 이것이 오늘날 영국 신사를 뜻하는 '젠틀맨(Gentleman)'이 된 거고요.

이후 젠트리들은 돈을 모아 땅을 사서 힘을 키워 갔고, 점차 영국 사회를 이끄는 세력이 되었어요. 세월이 흘러 젠트리는 중산층 이상의 사람들을 뜻하는 말이 되었고, 19세기 이후부터는 지식과 품위를 갖춘 남자들을 일컫는 말로 쓰였답니다.

16세기부터 '젠트리'는 지방 행정을 거머쥔 사회층을 뜻하는 말로 쓰였어.

이런 비밀이 숨어 있다니!

영국의 신사들이 속옷을 안 입고 다녔다면 믿을 수 있겠니? 믿기지 않겠지만 사실이란다.

옛날에 입던 속옷은 오늘날의 얇은 속옷과 달리 천이 두툼했어. 그래서 속옷을 입고 겉옷을 입으면 바지가 울퉁불퉁해 옷맵시가 살지 않았어. 영국의 멋쟁이들이 올록볼록하게 튀어나온 바지를 입을 수는 없는 법. 그래서 아예 속옷을 입지 않았던 거야.

이것은 킬트를 입을 때도 마찬가지였어. 킬트는 스코틀랜드 남자들이 입는 전통 의상인데, 체크무늬 치마로 길이가 무릎까지 와. 혹시 치마가 날리기라도 하면 어떻게 하냐고? 다행히도 킬트 앞쪽 가운데 부분에 달려 있는 가죽 주머니 덕분에 치맛자락이 쉽게 날리지 않았어. 이 주머니는 원래 식량을 담기 위해 만들어졌는데, 지금은 장식용으로 쓰인단다.

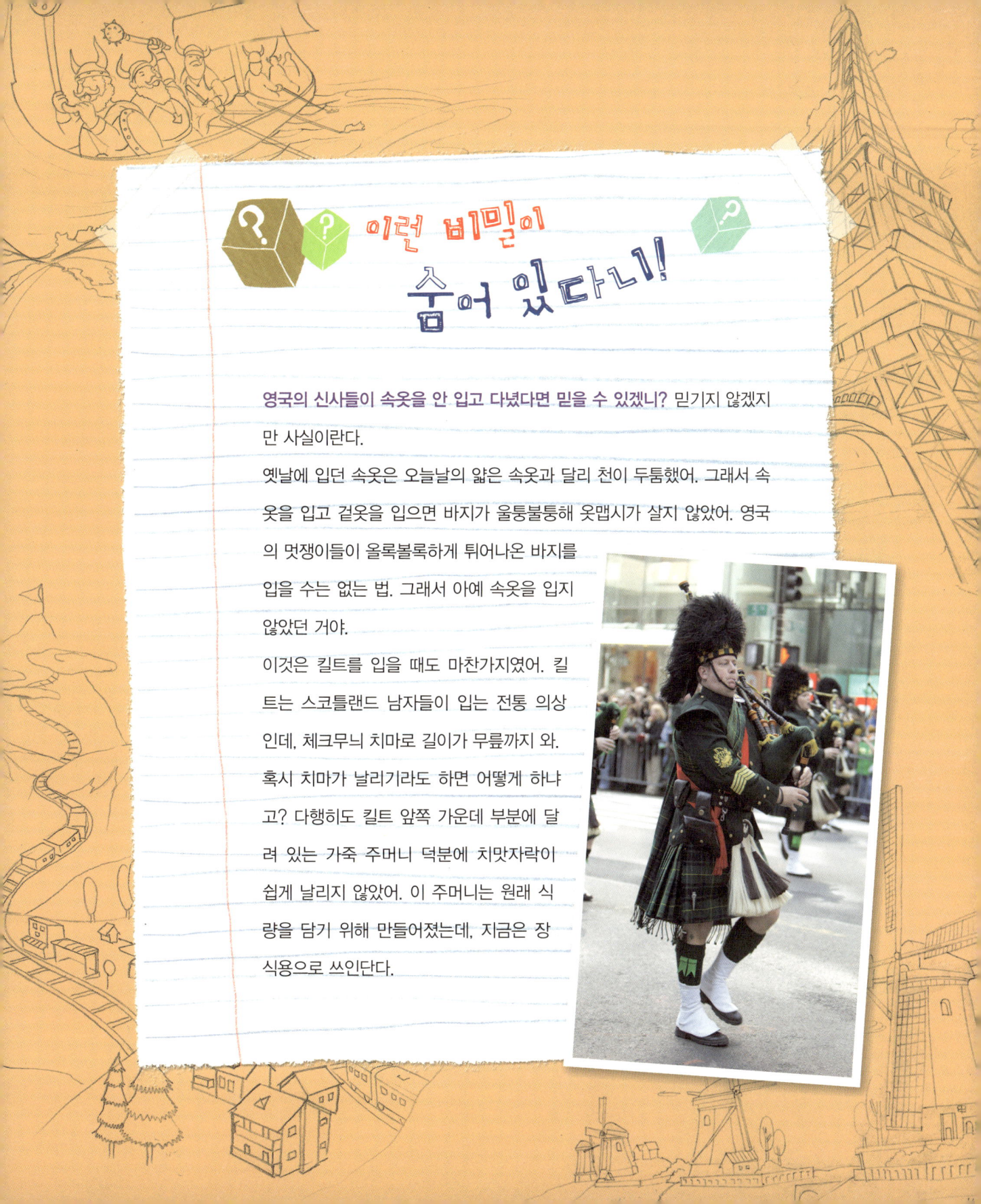

한때 애물단지였던
에펠 탑

예술과 패션의 나라 프랑스를 상징하는 건축물 하면
가장 먼저 떠오르는 게 에펠 탑이에요.
그런데 한때는 에펠 탑이 사람들의 조롱거리가
되었던 적이 있었다고 해요.
에펠 탑이 프랑스의 상징으로 자리 잡기까지
어떤 어려움을 겪었는지 들려줄게요.

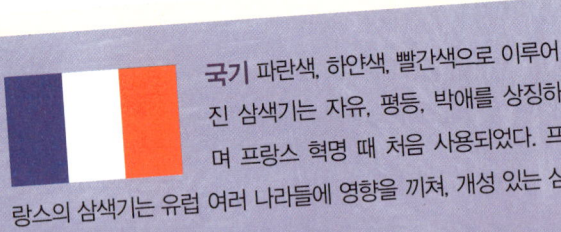

국기 파란색, 하얀색, 빨간색으로 이루어진 삼색기는 자유, 평등, 박애를 상징하며 프랑스 혁명 때 처음 사용되었다. 프랑스의 삼색기는 유럽 여러 나라들에 영향을 끼쳐, 개성 있는 삼색기가 많이 만들어졌다.

역사 5세기에 세워진 프랑크 왕국에서 비롯되었다. 9세기 무렵에는 샤를마뉴 대제가 프랑스, 이탈리아, 독일에 이르는 거대 왕국을 형성했다. 그 후 왕의 권력이 하늘을 찌르는 절대 왕정의 시대가 이어지다가 왕정에 반대한 시민들이 프랑스 혁명을 일으켰다. 1792년에 최초로 공화국이 세워지고, 그 후 나폴레옹이 정권을 잡았다가 몰락했다. 제1·2차 세계 대전 때는 연합군과 독일군의 치열한 전쟁터가 되기도 했지만, 지금은 높은 생활 수준을 자랑하는 나라가 되었다.

정보 프랑스의 공식 이름은 프랑스 공화국이다. 수도는 파리이고, 프랑스 어를 사용한다.

에펠 탑은 프랑스 사람들은 물론 전 세계 사람들로부터 많은 사랑을 받는 건축물이에요. 그런데 과거에는 모파상을 비롯한 파리의 예술가들이 에펠 탑을 싫어했답니다.

프랑스를 대표하는 작가 모파상이 에펠 탑 안에 있는 레스토랑에 들어오면 사람들은 수군거렸어요.

"저 사람은 에펠 탑을 굉장히 싫어하지 않아?"

"그렇게 싫어하면서 왜 여기에 오는 거지?"

그러면 모파상은 씩 웃으면서 이렇게 대답했다고 해요.

"여기가 파리에서 유일하게 에펠 탑이 안 보이는 곳이기 때문이오."

왜 모파상은 에펠 탑을 싫어했을까요? 그리고 에펠 탑은 어떻게 해서 세워진 것일까요?

1889년은 프랑스 대혁명이 일어난 지 100년이 되는 해였어요. 프랑스 정부는 이를 기념하기 위해 세계 만국 박람회를 열고 그곳에 특별한 기념물을 세우기로 했지요. 프랑스 정부는 상금을 걸고 기념물을 공모했어요. 여기서 뽑힌 것이 구스타프 에펠이 낸 설계도였어요. 당시 에펠이 낸 에펠 탑 설계도는 아주 획기적인

것이었어요. 무려 1만 5,000여 개의 금속 조각을 250만여 개나 되는 나사못으로 연결시켜 세우는 철탑이었거든요. 무게는 7,000톤이 넘고 높이도 320미터가 훌쩍 넘는 거대한 건축물이었지요. 그리고 무엇보다도 탑의 모양이 이제까지 본 것들과 전혀 달랐어요. 당시만 해도 파리의 건물과 다리는 대부분 돌로 만들어졌으니까요.

이 소식을 들은 파리 시민들과 예술가들은 탑 건설을 강하게 반대했어요.
"아름다운 파리에 흉악한 철골 괴물이 들어서게 할 수 없다!"
그러자 파리 시는 20년 뒤에 탑을 철거하기로 약속하고 공사를 진행시켰어요. 그런데 세계 만국 박람회장에서 에펠 탑을 본 사람들은 놀라움을 금치 못했어요. 에펠 탑은 그동안 어디서도 볼 수 없었던 독특한 모양이었거든요. 마치 철 교각이 하늘을 향해 솟은 듯 보였지요.
입소문을 타면서 에펠 탑을 보러 오는 사람들이 늘어났고, 파리 시민들도 점점 에펠 탑에 애정을 갖기 시작했어요.
그러자 콧대 높은 파리 예술가들도 태도를 바꾸기 시

작했어요. 화가들은 에펠 탑을 그렸고, 음악가들은 에펠 탑에 관한 노래를 만들었어요. 작가들은 에펠 탑을 배경으로 한 이야기를 만들어 냈고요. 그렇게 해서 에펠 탑이 프랑스의 상징으로 자리 잡게 되었지요.

하지만 에펠 탑에 또 한 번 위기가 찾아왔어요. 파리 시가 탑이 세워진 장소를 20년 동안만 빌리기로 했기 때문에, 20년 후인 1909년에 에펠 탑을 해체해야 했지요.

그러자 이번에는 에펠 탑을 지키자는 운동이 벌어졌어요. 처음 세워질 때에는 그렇게 반대하던 사람들이 이제는 지켜 내려고 애쓰다니 재미있지요?

탑이 해체될 뻔한 상황에서 에펠 탑을 구한 것은 첨단 과학이었어요. 파리 시는 에펠 탑 꼭대기에 라디오와 텔레비전의 전파를 보낼 수 있는 안테나와 날씨를 예측하고 비행기 운항을 체크하는 장비를 설치했어요.

이렇게 해서 에펠 탑은 송신탑으로 탈바꿈하여 해체될 위기에서 벗어났고, 오늘날 파리의 명물로 자리매김했답니다.

100

이런 비밀이 숨어 있다니!

향수와 하이힐이 어떻게 해서 탄생했는지 아니? 프랑스는 패션의 나라로도 유명해. 패션의 상징이라고 할 수 있는 향수와 하이힐도 프랑스에서 생겨났지. 그런데 향수와 하이힐이 생겨난 데에는 좀 지저분한 이유가 숨어 있단다. 바로 거리에 버려진 배설물 때문이거든.

중세 프랑스에는 공중 화장실이 없었어. 그래서 큰 그릇이나 깡통에 볼일을 본 다음 창문 밖으로 내다 버렸지. 그 바람에 사람들이 길을 가다가 갑자기 오물을 맞는 일이 자주 벌어졌어. 당시에는 목욕탕이 없어 자주 씻을 수도 없었으니 사람들 몸에서 얼마나 지독한 냄새가 났겠어?

그래서 프랑스 사람들은 오렌지나 히아신스 같은 꽃에서 향기를 뽑아내 향수로 만들어 몸에 뿌렸어. 또 길거리 곳곳에 버려진 배설물 때문에 치맛단 끝이 엉망이 되자 신발 밑에 나무로 만든 굽을 달았지. 그랬더니 치맛단이 바닥에 끌리지 않아 옷이 더러워지지 않았어. 이렇게 해서 향수와 하이힐이 만들어졌단다.

분단의 상징이었던
베를린 장벽

1989년은 세계적으로 중요한 해였어요.
바로 그해에 동독과 서독을 가로막았던
베를린 장벽이 무너졌거든요.
이때 독일뿐만 아니라 평화를 바라는
전 세계 사람들이 감격의 눈물을 흘리며 기뻐했어요.
이 베를린 장벽은 왜 세워졌던 걸까요?

국기 가로로 된 삼색기이다. 검정색은 근면과 힘을, 빨간색은 자유정신을, 노란색은 명예와 진리를 상징한다.

역사 1,000년이 넘는 동안 연방 국가와 자치 도시로 나뉘어 있다가 1871년 비스마르크에 의해 처음으로 통일되었다. 이후 두 차례 세계 대전을 일으켰다가 모두 패했고, 제2차 세계 대전이 끝난 뒤 동독과 서독으로 나뉘었다. 그러다가 1989년 개혁 운동이 유럽의 공산주의 국가들을 휩쓸자, 1990년에 동독과 서독이 경제 체제를 통합하고 역사적인 통일을 이룩했다.

정보 독일의 공식 이름은 독일 연방 공화국이다. 수도는 베를린이고, 독일어를 사용한다.

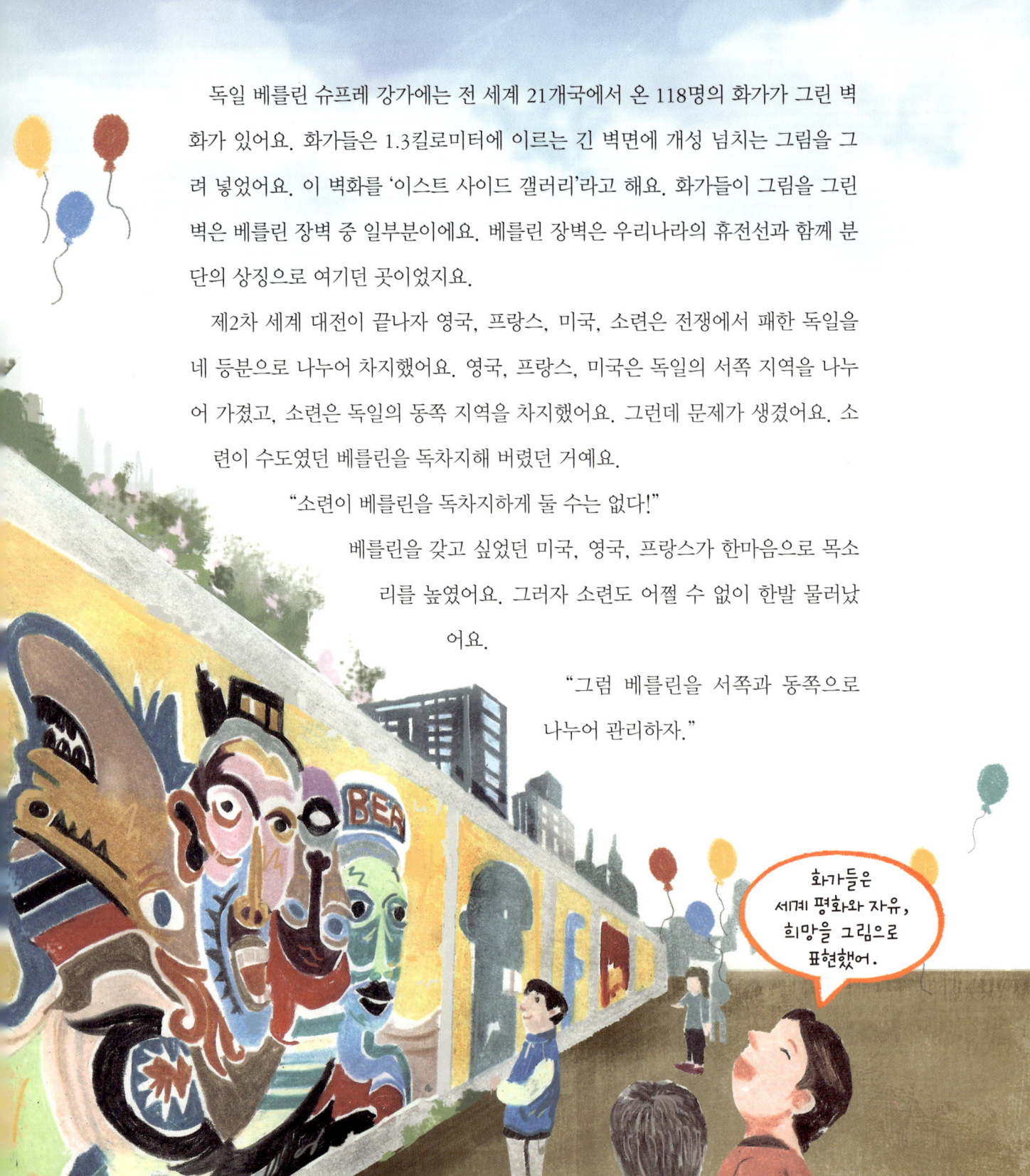

독일 베를린 슈프레 강가에는 전 세계 21개국에서 온 118명의 화가가 그린 벽화가 있어요. 화가들은 1.3킬로미터에 이르는 긴 벽면에 개성 넘치는 그림을 그려 넣었어요. 이 벽화를 '이스트 사이드 갤러리'라고 해요. 화가들이 그림을 그린 벽은 베를린 장벽 중 일부분이에요. 베를린 장벽은 우리나라의 휴전선과 함께 분단의 상징으로 여기던 곳이었지요.

제2차 세계 대전이 끝나자 영국, 프랑스, 미국, 소련은 전쟁에서 패한 독일을 네 등분으로 나누어 차지했어요. 영국, 프랑스, 미국은 독일의 서쪽 지역을 나누어 가졌고, 소련은 독일의 동쪽 지역을 차지했어요. 그런데 문제가 생겼어요. 소련이 수도였던 베를린을 독차지해 버렸던 거예요.

"소련이 베를린을 독차지하게 둘 수는 없다!"

베를린을 갖고 싶었던 미국, 영국, 프랑스가 한마음으로 목소리를 높였어요. 그러자 소련도 어쩔 수 없이 한발 물러났어요.

"그럼 베를린을 서쪽과 동쪽으로 나누어 관리하자."

화가들은 세계 평화와 자유, 희망을 그림으로 표현했어.

이렇게 해서 베를린의 서쪽 지역은 영국, 미국, 프랑스가 차지하고 동쪽 지역은 소련이 차지했어요.

비록 서쪽과 동쪽으로 나뉘기는 했지만 동독과 서독 사람들은 비교적 자유롭게 두 나라를 오갈 수 있었어요. 그런데 시간이 흐르면서 문제가 생겼어요. 분단 이후 서독은 경제를 발전시켜 나라의 힘을 키웠지만 동독은 그러지 못했거든요. 오히려 살기가 더 힘들어져서 동독 사람들 사이에 이런 소문이 돌았어요.

"서독에 가면 일자리가 많다는군."

"기회가 많은 땅, 서독으로 가자."

동독의 지식인들과 고급 기술자들이 하나둘 동독을 떠나 서독으로 넘어갔어요. 1949년부터 1961년까지 동독을 떠난 사람은 무려 260만 명이나 되었어요. 동독 정부는 고민에 빠졌지요.

"동독 사람들이 서독으로 넘어가는 것을 더 이상 두고 볼

수만은 없다."

　마침내 1961년 동독 정부는 동베를린과 서베를린을 오가는 곳에 철조망과 블록으로 장벽을 만들어 동독 사람들이 국경을 넘지 못하게 했어요. 5미터 높이에 총 길이 155킬로미터가 넘는 거대한 장벽이었지요. 사람들을 감시하기 위해 장벽 곳곳에 초소와 지뢰밭을 만들고 장벽 위에는 보초를 세웠어요.

　독일 사람들은 베를린 장벽 때문에 자유롭게 서독으로 넘어가기가 쉽지 않았어요. 동베를린과 서베를린의 경계에 있던 브란덴부르크 문을 통해 서독으로 넘어가도 좋다는 허가를 받은 뒤에야 서독으로 갈 수 있었지요. 하지만 목숨을 걸고서라도 서독으로 가려는 사람들의 수가 줄어들지 않았어요. 자유를 갈망하던 동독 사람들은 곳곳에서 시위를 벌였고, 시위에 참여한 사람들의 수는 급기야 수십만 명에 이르렀지요.

　철옹성 같던 장벽도 동독 사람들의 함성을 당해 내지는 못했어요. 드디어 1989년 11월 9일, 굳게 서 있던 베를린 장벽이 허물어졌지요.

　한때 베를린 장벽은 냉전과 분단의 상징이었지만, 지금은 완전히 다른 모습으로 사람들을 맞이하고 있답니다.

> 베를린 장벽이 과거에는 증오와 억압을 상징했지만, 지금은 화해와 자유를 상징해.

이런 비밀이 숨어 있다니!

독일이 왜 맥주의 나라가 되었는지 아니? 해마다 10월에 맥주 축제가 열릴 정도로, 독일 맥주는 세계적으로 이름이 나 있어. 독일 맥주가 유명해진 이유는 물 때문이야.

독일의 물은 석회암 성분이 많이 들어 있는 석회수인데, 이 물은 맛도 좋지 않고 몸에도 좋지 않아서 독일 사람들은 물 대신 다른 음료수를 마셔야 했어. 이 음료수로 알맞은 것이 맥주였지.

독일은 날씨가 서늘해서 보리를 많이 재배했는데, 이 보리에다가 홉을 넣어 발효시켜 맥주를 만들었어. 독일 맥주는 그 종류가 무려 4,000종이 넘는다고 해. 과연 맥주의 나라라고 할 만하지. 맥주의 나라답게 독일 사람들은 맥주를 물처럼 마셔. 그런데도 취하지 않는 게 신기할 따름이야.

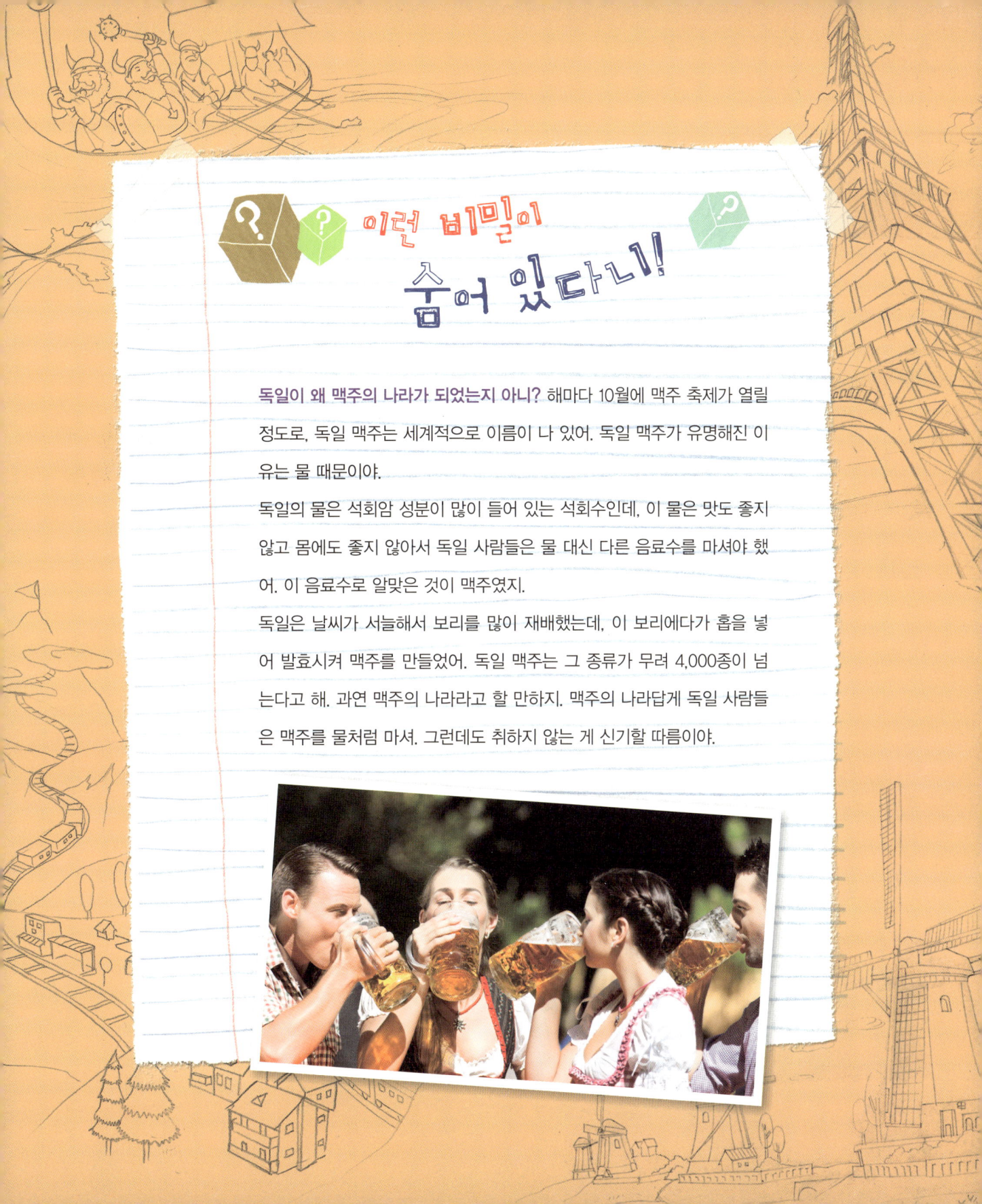

스위스

세계에서 가장 높은 기차역
융프라우요흐

융프라우 산은 스위스의 알프스 산들 중
험하기로 이름난 산이에요.
이 산 정상 바로 밑에 융프라우요흐 기차역이 있는데,
세계에서 가장 높은 곳에 위치해 있지요.
이렇게 험한 산에 어떻게 기차역을 만들었을까요?
또 기찻길은 어떻게 놓았을까요?

요들송을 부르는 목동들

국기 빨간색 바탕에 하얀색 십자가 무늬가 그려져 있다. 빨간색 바탕은 그리스도의 피를, 하얀색 십자가는 그리스도의 십자가를 상징한다.

역사 로마, 게르만 족, 이슬람교도, 프랑크 족, 신성 로마 제국과 오스트리아의 합스부르크 왕가 등 여러 민족의 지배를 받았다. 그러다가 1291년 슈비츠, 우리, 운터발덴 주(州)의 지도자들이 스위스 연방을 맺는 데 합의하고, 신성 로마 제국의 공격을 물리쳐 1499년 독립 국가가 되었다. 그 뒤 1815년 나라 간에 다툼이 일어났을 때 어느 편에도 서지 않는 영세 중립국으로 인정받았다.

정보 스위스의 공식 이름은 스위스 연방 공화국이다. 수도는 베른이고, 독일어·프랑스 어·이탈리아 어를 공식 언어로 사용한다.

스위스의 인터라켄에 가면 산악 열차를 탈 수 있어요. 오늘날 알프스를 쉽게 오를 수 있는 것은 산악 열차 덕분이에요. 알프스의 바위를 뚫어 만든 산악 열차를 타면 만년설로 뒤덮인 알프스 산봉우리에 오를 수 있어요. 그곳이 바로 알프스 산들 중 두 번째로 높고 굉장히 험하기로 이름난 융프라우 산이랍니다.

이렇게 험한 산에 어떻게 기찻길을 만들었을까요?

지금으로부터 120년 전 1893년, 아돌프 구에르 첼러가 이런 생각을 했어요.

"암벽을 뚫고 융프라우 산까지 올라갈 수 있는 기찻길을 만들면 어떨까?"

하지만 아돌프의 이야기를 들은 사람들은 모두 콧방귀를 꼈어요.

"저 험한 산에 어떻게 열차를 놓겠다는 거야? 바위를 뚫어 터널을 만들고 기찻길을 낸다고 해도 경사가 심해서 기차가 미끄러져 버릴걸?"

사람들이 모두 말렸지만, 아돌프는 뜻을 굽히지 않았어요.

아돌프는 산악 열차의 출발점을 산 중턱인 클라이네 샤이덱으로 정했어요. 이곳까지는 일반 기차로도 충분히 올라갈 수 있었거든요. 하지만 여기서 융프라우까지 가려면 가파른 계곡과 높은 봉우리를 지나야 했어요. 때문에 특수하게 설계된 레일과 산악 열차가 필요했지요.

알프스의 빙벽을 뚫는 작업은 엄청난 공사였어요. 특히 아이거 봉과 묀히 봉의 봉우리를 뚫어 바위 터널을 만드는 것은 정말 힘든 일이었지요. 공사 기간에 터널이 무너지는 사고가 일어났고, 매서운 추위와 폭설로 공사가 지연되는 일도 많았어요.

문제는 또 있었어요. 가파른 계곡에서도 미끄러지지 않는 레일을 놓는 일이었어요. 아돌프가 생각해 낸 방법은 레일에 톱니바퀴를 다는 것이었어요. 그렇게 하면 경사가 심한 곳에서도 기차가 미끄러지지 않을 테니까요.

이렇게 해서 1896년에 시작된 공사는 16년이 걸려 끝이 났어요.

융프라우 산악 열차는 1912년 스위스 독립 기념일인 8월 1일에 역사적인 첫 운행을 시작했어요. 하지만 이 광대한 작업을 시작한 아돌프는 열차의 운행을 보지 못했어요. 공사가 시작된 지 3년 만에 세상을 떠났기 때문이에요.

융프라우요흐 기차역까지 가려면 산 아랫부분인 인터라켄에서 클라이네 샤이텍까지 일반 기차를 타고 올라간 다음 산악 열차로 갈아타야 해요. 그러면 암벽 동굴을 지나 세계에서 가장 높은 곳에 위치한 융프라우요흐 기차역(3,454미터)에 도착하지요.

인터라켄에서 융프라우요흐 기차역까지는 네 시간쯤 걸려요. 기차를 타고 알프스 산맥에 오르면서 수십 개의 빙하 벽과 깨끗한 계곡, 넓은 목초지, 만년설 등을 한눈에 볼 수 있답니다. 그래서 전 세계의 수많은 관광객들이 이곳을 찾고 있어요.

융프라우요흐 기차역에는 우체통도 있고 레스토랑도 있어. 이곳에서 컵라면도 먹을 수 있다고 해.

이런 비밀이 숨어 있다니!

혹시 요들송의 역사에 대해 알고 있니? '스위스' 하면 빼놓을 수 없는 것이 요들송이야. 요들송은 알프스의 목동들이 부르던 노래였어. 목동들은 양 떼나 소 떼를 몰고 산속으로 가서 가축들을 풀어놓고 풀을 뜯게 했어. 그리고 해가 져서 집으로 돌아갈 시간이 되면 가축들을 다시 불러 모았지. 그런데 목동들이 넓은 알프스 산자락을 헤집고 다니려면 얼마나 힘들겠니? 그래서 가축들을 불러 모으기 위해 소리를 냈는데, 이것이 요들송의 시작이야.

이후 요들송은 알프스 산간 지역에 사는 사람들이 소식을 주고받을 때 사용되기도 했어. 그러다가 스위스 민요로 자리 잡은 거란다.

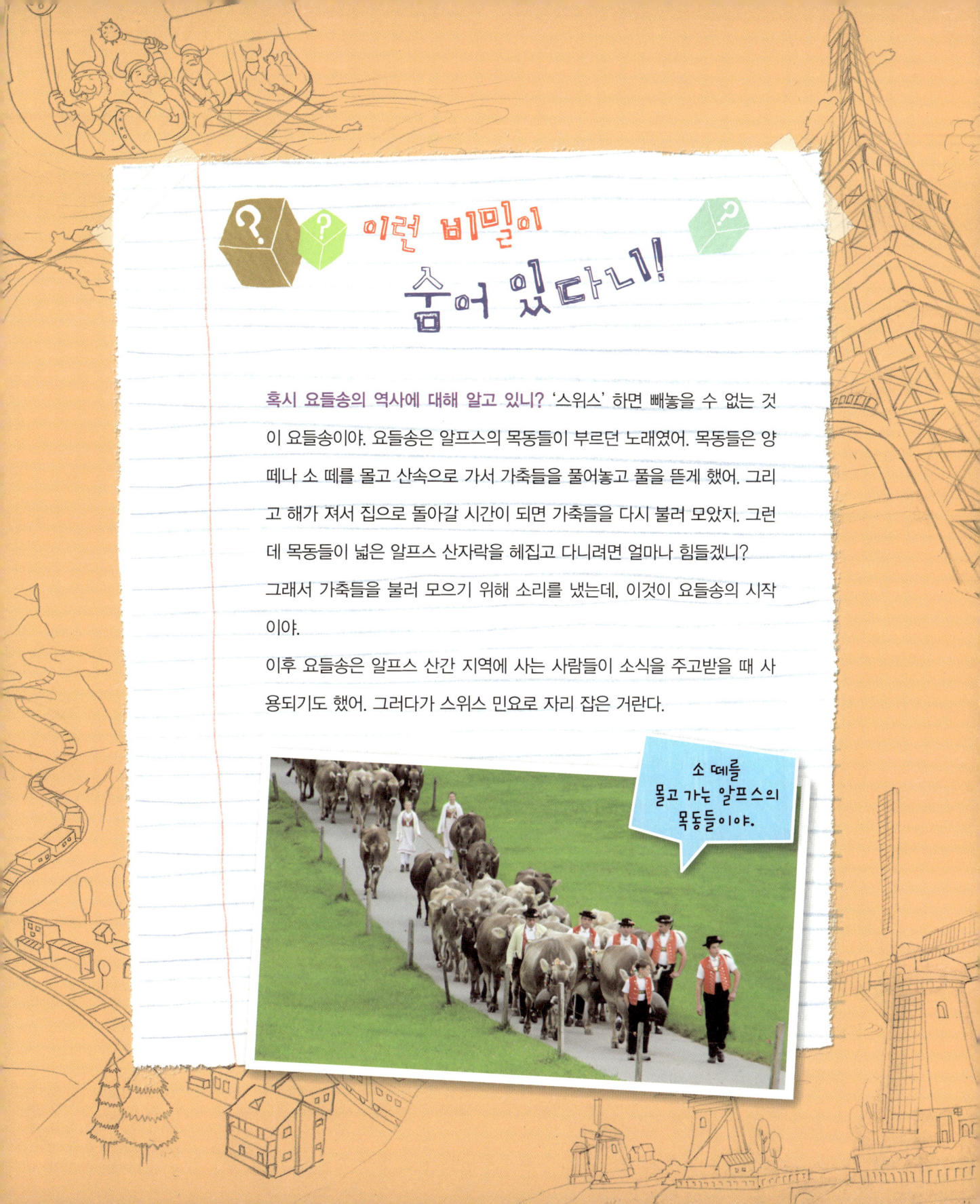

소 떼를 몰고 가는 알프스의 목동들이야.

안데르센 동화를 대표하는
인어 공주상

바다를 삶의 터전으로 삼고 있는 덴마크에는
이름을 떨친 인물들이 많이 있어요.
그중 한 사람이 안데르센이에요.
안데르센은 독일의 그림 형제와 함께
전 세계적으로 이름난 동화 작가예요.
안데르센은 어떻게 해서 덴마크를 대표하는
동화 작가가 되었을까요?

국기 빨간색 바탕에 하얀색 십자가가 그려져 있다. 덴마크 사람들은 국기를 '덴마크의 힘'이라고 부른다. 국기는 15세기에 만들어졌는데, 전 세계 국기들 중 가장 오래되었다.

역사 9세기 무렵에 독립 국가를 이루고 13~14세기에 북유럽 전역을 지배하는 대국이 되었다. 하지만 1523년에 스웨덴이 독립해 떨어져 나갔고, 1814년 나폴레옹 전쟁에서 패해 스웨덴에게 노르웨이를 빼앗기면서 힘을 잃어 갔다. 그러는 동안 스웨덴, 덴마크, 노르웨이의 국경선이 정해졌다.
1915년 의회 민주주의 국가가 되었으며, 1950~1960년대에 정치 개혁과 경제 성장을 이루었다. 오늘날에는 생활 수준이 매우 높은 나라로 인정받고 있다.

정보 덴마크의 공식 이름은 덴마크 왕국이다. 수도는 코펜하겐이고, 덴마크 어를 사용한다.

안데르센은 수많은 동화를 써서 '동화의 왕'이라고 불리는 작가예요.

안데르센이 쓴 동화 중 《인어 공주》는 모두들 한 번쯤은 읽어 보았을 거예요. 바다 깊은 곳에 살던 인어 공주가 인간 세상에 사는 왕자에게 반해 마녀에게 목소리를 내주고 두 다리를 얻어 인간 세상으로 가지요. 그러나 끝내 왕자와 사랑을 이루지 못하고 물거품으로 사라지고 만다는 슬픈 이야기예요.

덴마크의 수도 코펜하겐에 가면 동화 속 인어 공주를 만날 수 있어요. 코펜하겐은 바닷가에 있는 아름다운 도시예요. 이 도시 곳곳에 동화 작가 안데르센의 발자취가 남아 있답니다.

원래 안데르센의 고향은 코펜하겐이 아니라 오덴세예요. 안데르센은 1805년에 오덴세에서 태어나 14살이 될 때까지 그곳에서 살았어요. 안데르센의 집은 굉장히 가난했는데, 아버지는 구두 수선공이었고, 어머니는 남의 집 빨래를 해 주던 사람이었지요.

오덴세는 참 아름다운 곳이었지만, 안데르센은 꿈을 펼치기 위해 고향을 떠나려 했어요.

"큰 도시로 가고 싶어. 그곳에서 배우가 될 거야."

안데르센은 꿈을 이루고 싶었고 가난한 현실에서 벗어나고 싶었어요.

14살이 되던 어느 날, 그는 무작정 코펜하겐으로 향했어요. 하지만 코펜하겐에서도 꿈을 이루지는 못했어요.

'코펜하겐'이라는 이름에는 '새로운 항구'라는 뜻이 담겨 있어.

"배우가 되고 싶습니다. 무대에 서게 해 주세요."

안데르센이 극장을 찾아가면 사람들은 안데르센을 힐끗 쳐다보고는 이렇게 말했어요.

"자네처럼 우습게 생긴 사람이 배우가 되겠다고? 꿈도 꾸지 마!"

가는 곳마다 퇴짜를 맞은 안데르센은 마음에 큰 상처를 입었어요. 그때 안데르센을 위로해 준 것이 글쓰기였어요. 그는 배우의 꿈을 접고 자신의 이야기를 글로 써서 사람들에게 들려주기로 했지요.

그렇게 해서 안데르센의 수많은 걸작들이 코펜하겐에서 탄생했어요. 《인어 공주》, 《미운 오리 새끼》, 《성냥팔이 소녀》 등 누구나 알 만한 명작 동화가 태어났지요.

안데르센을 좋아하는 사람이라면 꼭 한 번 찾는 곳. 바로 코펜하겐의 바닷가에 있는 인어 공주상이랍니다. 인어 공주상은 해변의 바위 위에 앉아 발트 해를 바라보고 있어요. 그 모습이 바다로 나아가고 싶어 하는 덴마크 사람들의 마음을 잘 표현한다고 여겨서 덴마크의 상징이 되었지요.

이 동상은 1913년 칼스버그 맥주 회사의 사장인 카를 야콥센이 조각가에게 의뢰해서 만든 거예요.

그런데 이 동상의 실제 주인공은 동화 속 인어 공주가 아니에요. 실제 모델이 따로 있지요.

어느 날 카를 야콥센 사장은 왕립 극장에서 공연된 발레 〈인어 공주〉를 보고 큰 감명을 받았어요. 그래서 조각가를 불러 인어 공주상을 만들어 달라고 부탁했어요. 하지만 아무리 유명한 조각가라도 실제 조각을 하려면 모델이 있어야 하는 법이지요. 그래서 조각가는 발레 공연에서 주인공 역할을 했던 발레리나를 모델로 삼아 인어 공주상을 만들었어요. 그러니까 엄격히 말하자면 인어 공주상의 실제 주인공은 발레리나라고 할 수 있지요.

   인어 공주상은 약 85센티미터 높이의 아담한 크기예요. 그래서 실제로 이 동상을 본 사람들은 동상이 작고 초라하다며 실망하기도 한답니다.

이런 비밀이 숨어 있다니!

어린이들이 좋아하는 장난감 레고가 덴마크에서 처음 만들어진 걸 아니?

덴마크에 '올레 키르크 크리스티안센'이라는 목수가 살았는데, 틈이 날 때마다 아이들에게 나무 조각으로 장난감을 만들어 주었다고 해. 올레가 만든 장난감을 본 사람들은 그 장난감을 갖고 싶어 했지.

올레는 심심풀이로 만들기 시작한 장난감이 잘 팔리자, 1932년에 간단한 생활용품과 장난감을 만드는 회사를 열었단다. 그리고 2년 후에 회사 이름을 Leg Godt('재미있게 놀다'라는 뜻의 덴마크 어)의 첫 음절을 합쳐 '레고(LEGO)'라고 지었어.

그가 처음 회사를 세웠던 덴마크의 빌룬트에 가면 '레고랜드'가 있어. 3만 평이 넘는 땅에 2000만 개가 넘는 레고들이 가득하단다. 어때? 꼭 가 보고 싶지?

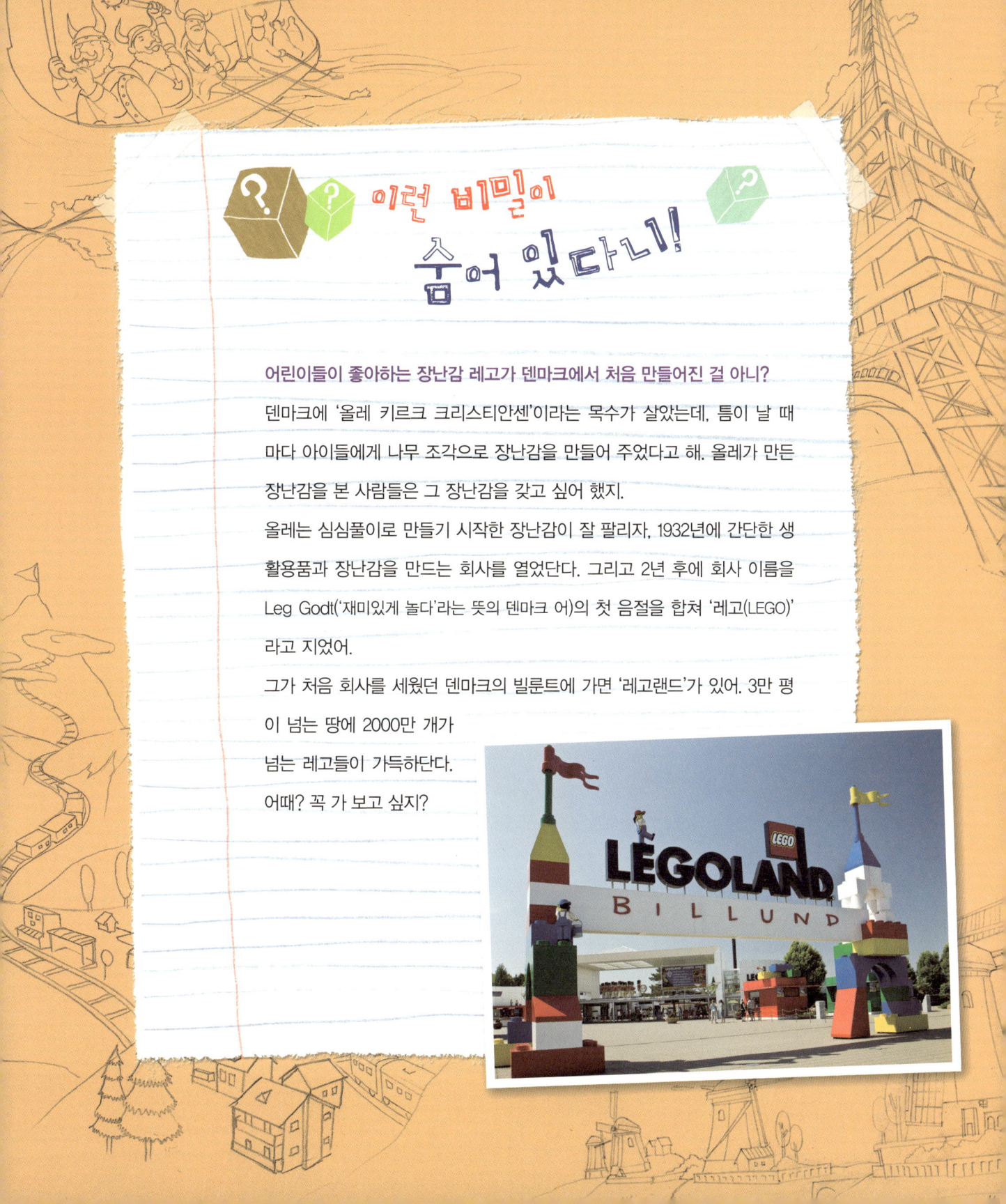

바다의 개척자
바이킹

스웨덴의 바이킹은 9세기 무렵부터
뛰어난 항해술로 세계 곳곳을 항해했어요.
상품을 사고파는 등 무역을 하기도 했지만,
다른 사람들의 땅을 빼앗기도 했지요.
그래서 '바다의 해적'이라고도 불렸답니다.
과연 바이킹은 바다의 용사일까요, 아니면 해적일까요?

 **국기** 파란색 바탕에 노란색 십자가가 그려져 있다. 1157년 스웨덴의 국왕 에릭이 핀란드를 공격하기 전에 하늘에서 금 십자가를 보았다는 데에서 유래했다.

역사 기원전 8000년 무렵부터 사람들이 살기 시작했다. 이후 인구가 늘어나자 기름진 땅을 찾아 나섰는데, 이들이 바로 바이킹이다. 바이킹은 8~10세기에서 11세기까지 세계 곳곳을 항해하며 무역과 정복으로 부를 누렸다. 17세기 후반에는 강대국이었으나, 19세기에 인구가 크게 증가하면서 식량이 부족해졌다. 하지만 20세기에 들어서면서 주요 산업 국가로 성장했고, 오늘날 세계적으로 생활 수준이 높은 나라가 되었다.

정보 스웨덴의 공식 이름은 스웨덴 왕국이다. 수도는 스톡홀름이고, 스웨덴 어를 사용한다.

'바다의 용사' 하면 떠오르는 말은? 바로 바이킹이에요. 놀이공원에서 타는 놀이 기구 이름 아니냐고요? 놀이 기구는 바이킹들이 타던 배의 모양을 본떠서 만든 거예요. 바이킹은 800년에서 1050년 무렵 덴마크와 노르웨이, 스웨덴 등 북유럽의 스칸디나비아 반도에서 활약하던 노르만 족을 일컬어요. 바다에서 싸움을 하며 거칠게 살았지요.

그런데 바이킹들이 처음부터 그렇게 거칠었던 것은 아니에요. 원래는 북유럽 지역에서 농사를 짓고 바다에 나가 고기를 잡던 평범한 사람들이었지요. 그런데 8세기 이후 인구가 갑자기 늘어나면서 문제가 생겼어요. 북유럽은 산악 지형이 많아서 농사지을 땅이 부족했거든요.

"인구는 늘어나는데 살 곳은 적으니 걱정입니다."

"이렇게 가만히 있지 말고 기름진 땅을 찾아 나섭시다."

"그래요, 우리는 모험심 강한 사람들 아닙니까!"

바이킹들은 뜻을 모았어요. 그러고는 뚝딱뚝딱 배를 만들었지요. 이전의 배들과 달리 폭이 좁고 길이가 긴, 날씬한 모양의 배였어요. 배의 머리와 꼬리 부분은 위로 둥글게 휘어 올라갔고요. 이렇게 만들면 바다에서 거센 폭풍우를 만나도 잘 견딜 수 있었고, 얕은 강가에도 쉽게 닻을 내릴 수 있었어요. 또한 폭이 좁고 길어서 어디든지 빠르고 쉽게 갈 수 있었지요.

바이킹들은 이렇게 배 만드는 기술이 뛰어났을 뿐만 아니라 싸움도 아주 잘했어요. 험한 산악 지역과 거센 바닷가에서 살았기 때문이었지요. 그들은 배를 가지고 전 세계를 누비며 다녔어요. 그러면서 넓고 기름진 땅을 발견하면 가리지 않고 침략했어요. 어찌나 힘이 셌던지 배가 들어갈 수 없는 곳에는 아예 배를 들고 들어갔다고 해요.

흔히 바이킹을 '해적', '약탈자'라고만 생각하는데 이들이 약탈만 한 것은 아니에요. 장사에도 솜씨가 좋았어요. 특히 스웨덴 지방의 바이킹들이 무역에서 뛰어난 실력을 보여 주었어요.

스웨덴의 바이킹들이 진출한 곳은 동유럽이었어요.

이들은 슬라브 족이 다스리던, 지금의 러시아 지역을 점령하여 노브고로트 왕국을 세웠어요. 이것이 러시아의 시작이랍니다.

스웨덴의 바이킹들은 흑해를 지나 터키의 수도인 이스탄불까지 나아갔어요. 그리고 그리스, 이탈리아까지 손에 넣는 등 엄청난 세력을 과시했지요. 이 과정에서 새로운 교역로를 만들어 장사를 하기도 했어요. 여러 나라들을 오가면서 특산물들을 사고팔아 꽤 많은 돈을 벌었지요.

그런가 하면 덴마크를 중심으로 한 바이킹들은 프랑크 왕국을 공격했어요. 프랑크 왕국은 지금의 프랑스가 있는 지역이에요.

"넓은 평야가 있는 곳이다. 그곳에 우리의 나라를 건설하자!"

바이킹의 공격을 받은 프랑스의 왕 샤를 3세는 이들에게 센 강 하류 지역을 떼어 주었어요. 이것이 노르망디 공국이랍니다. 이들은 1066년 영국까지 점령해 노르만 왕조를 열었어요. 이것이 잉글랜드 왕조의 시작이었지요.

노르웨이에서 내려온 바이킹들은 아이슬란드와 그린란드에 자리를 잡았어요. 이들 중 일부는 북아메리카까지 나아갔다고 해요.

당시 유럽은 '바이킹의 시대'라고 불렸어요. 그 정도로 바이킹들의 세력이 대단했지요.

바이킹의 배는 길고 날씬해서 물에 잠기지 않았어. 또 노와 닻이 있어서 물살을 빠르게 가르고, 바람의 힘을 받아 앞으로 잘 나아갔지.

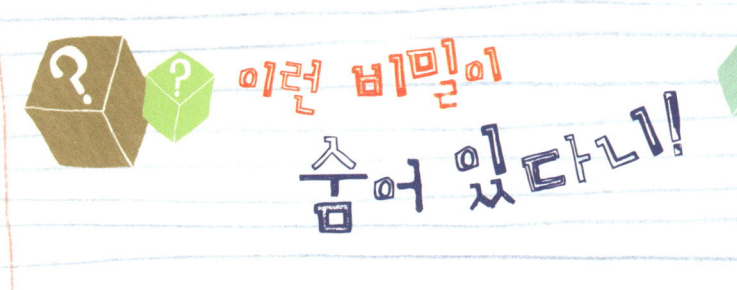
이런 비밀이 숨어 있다니!

뷔페가 원래 바이킹들이 만든 음식 문화라는 거 아니? 바이킹들은 한번 바다에 나가면 오랫동안 배 안에서 생활을 했어. 이때 음식도 함께 가져갔는데, 음식이 상하는 것을 막기 위해 소금에 절여 두었어. 그러다 보니 배에서 먹을 수 있는 음식은 짜디짠 것들뿐이었지.

"소금에 절이지 않은 음식을 먹고 싶어."

"고소한 빵과 맛있는 고기를 먹었으면……."

이것이 모든 바이킹들의 소원이었을 거야. 그래서 육지에 도착하면 특별한 잔치를 벌였어. 커다란 식탁에 여러 가지 음식들을 한꺼번에 차려 놓고 각자 먹고 싶은 만큼 실컷 덜어서 먹었지.

이런 바이킹의 독특한 식사법을 '스뫼르고스보르드(Smörgåsbord)'라고 해. 훗날 이 식사법이 프랑스에 전해졌고, 프랑스 사람들은 '뷔페'라고 불렀지. 이렇게 해서 뷔페가 전 세계로 퍼져 나갔단다.

동화 속 세계
산타클로스 마을

핀란드에는 사계절이 모두 있지만 워낙
북극에 가까이 있어서 10월이면 겨울이 시작돼요.
그리고 크리스마스 때면 온 세상이 눈으로 뒤덮이지요.
이런 환경 때문에 이곳에 산타클로스 마을이
생긴 게 아닐까요?

국기 하얀색 바탕에 파란색 십자가가 그려져 있다. 하얀색은 눈을, 파란색은 호수를 상징한다.

역사 기원전 1000년 무렵부터 사람이 살기 시작했다. 동쪽으로 러시아, 서쪽으로는 스웨덴과 맞닿아 있어서 12세기와 13세기에 스웨덴의 지배를 받았다. 1809년부터 1917년까지는 러시아의 지배를 받았고 1944년에 비로소 완전한 독립 국가가 되었다.

정보 핀란드의 공식 이름은 핀란드 공화국이다. 수도는 헬싱키이고, 핀란드 어와 스웨덴 어를 사용한다.

3세기 무렵 소아시아 미라 지방에 성 니콜라우스 대주교가 있었어요.

"와, 니콜라우스 할아버지다! 재미난 얘기 좀 해 주세요!"

아이들이 머리가 하얗게 샌 할아버지에게 달려들었어요. 할아버지는 얼굴에 미소를 띤 채 아이들을 바라보았어요. 아이들의 눈망울은 초롱초롱 빛났어요. 할아버지는 아이들을 앉히고 아주 재미있는 이야기를 들려주었어요. 성 니콜라우스는 아이들을 좋아하고 어려운 사람을 보면 그냥 지나치지 못해 남몰래 도와주곤 했어요.

어느 날, 성 니콜라우스가 길을 가다가 골목 모퉁이에서 눈물을 흘리고 있는 세 여인을 보았어요.

"무슨 일인데 그렇게 슬피 울고 있느냐?"

"저희들은 자매랍니다. 오늘 큰언니가 결혼하는 날인데 돈이 없어서 결혼식을 못 올리고 있어요."

자매의 사연을 들은 성 니콜라우스는 밤이 깊어지자 자매의 집을 찾아갔어요. 그런데 집 앞에서 문을 두드리려고 하다가 잠시 멈칫했어요. 아무도 모르게 도와주고 싶었거든요. 성 니콜라우스

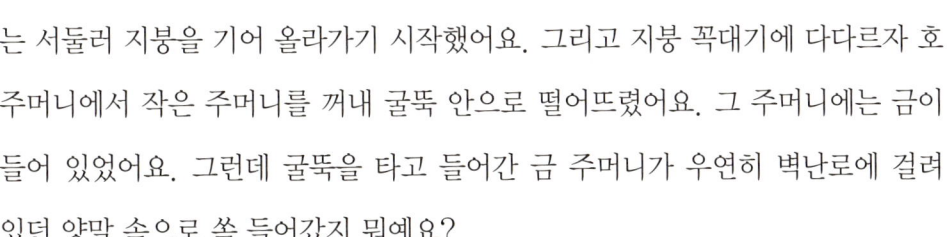

는 서둘러 지붕을 기어 올라가기 시작했어요. 그리고 지붕 꼭대기에 다다르자 호주머니에서 작은 주머니를 꺼내 굴뚝 안으로 떨어뜨렸어요. 그 주머니에는 금이 들어 있었어요. 그런데 굴뚝을 타고 들어간 금 주머니가 우연히 벽난로에 걸려 있던 양말 속으로 쏙 들어갔지 뭐예요?

이 이야기는 마을은 물론 바다 건너 유럽에까지 널리 알려졌답니다.

성 니콜라우스는 어떻게 되었냐고요? 많은 사람들의 칭송을 받다가 12월 6일에 세상을 떠났고, 그 후 아이들의 수호자가 되었다고 해요. 그리고 12세기 프랑스의 수녀들 사이에서 성 니콜라우스 축일 하루 전날인 12월 5일에 가난한 아이들에게 선물을 주는 풍습이 생겨났고, 이것이 오늘날의 산타클로스 이야기가 되었답니다.

그런데 동화 속 산타클로스 할아버지를 직접 볼 수 있는 곳이 있어요. 바로 핀란드 북쪽에 있는 '로바니에미'라는 곳이에요. 이 마을에 들어서면 산타클로스 할아버지 마스코트가 사람들을 맞이하고 크고 작은 목조 건물 10여 채가 올망졸망 서 있어요. 마치 동화 속으로 들어온 것 같은 느낌이 들지요.

이 마을의 중심인 광장 한가운데에는 산타클로스 할아버지가 사는 건물이 있어요. 건물 안에는 반짝거리는 크리스마스트리, 선물이 가득 들어 있는 양말들,

모닥불이 피어오르는 벽난로가 있지요. 그리고 금테 안경을 쓰고 구불구불한 흰 수염을 길게 늘어뜨린 산타클로스 할아버지가 서 있어요. 산타클로스 할아버지에게 소원을 말할 수도 있고 할아버지와 이야기를 나눌 수도 있답니다. 물론 사진도 찍을 수 있고요.

산타클로스 할아버지를 직접 만나고 싶은데 핀란드가 너무 멀어서 못 가겠다고요? 너무 실망하지 말아요. 이곳으로 편지를 보내면 산타클로스 할아버지가 편지를 읽고 답장을 보내 준다고 해요. 산타 우체국이 있거든요. 우체국은 늘 전 세계 어린이들이 보낸 편지로 가득하답니다. 이곳에는 빨간 코의 루돌프 순록이 끄는 산타클로스 썰매 그리고 순록을 탈 수 있는 산타 파크도 있어요. 또 이곳에서는 크리스마스 음악회를 열어 사람들을 즐겁게 해 주기도 한답니다.

그러면 핀란드의 작은 지역인 로바니에미가 어떻게 해서 산타클로스 마을로 알려지게 되었을까요? 1927년 핀란드의 한 라디오 방송국 아나운서가 "산타클로스는 로바니에미 마을에 있는 코르바툰투리 산에 삽니다."라고 한 말에서 비롯되었어요. 그 후 이야기가 퍼져 나갔고, 1950년에 미국의 대통령 프랭클린 루즈벨트의 부인 엘리노어가 이곳을 방문하면서 더욱 유명해졌답니다.

이런 비밀이 숨어 있다니!

흰 수염에 빨간 옷을 입은 산타클로스는 언제 등장했을까? 바로 1931년부터란다.

당시 판매량이 크게 떨어져 고민하고 있던 미국의 코카콜라 회사에서 새로운 광고를 만들었어. 바로 산타클로스에게 빨간 코트를 입힌 것이었지. 검은 장화와 벨트는 콜라의 색깔을 나타내고, 흰 수염은 콜라 거품을 상징한다고 해.

그전까지 산타클로스의 모습은 여러 가지였어. 작은 요정으로 그려지기도 하고, 우스꽝스러운 난쟁이 모습으로 표현되기도 했어. 때로는 뚱뚱한 할아버지로 묘사되기도 했지. 그러다가 '토마스 나스트'라는 만화가가 처음으로 산타클로스를 할아버지 모습으로 그렸고, 여기에 코카콜라의 광고가 더해져 지금의 산타클로스 모습이 만들어진 거란다.

가볍고 신 나는 음악
왈츠

왈츠는 4분의 3박자의 경쾌한 음악에 맞춰
남녀가 한 쌍이 되어 원을 그리며 추는 곡이에요.
18세기 중엽에 오스트리아에서 유래했는데,
19세기에 빈의 귀족과 왕족에게 큰 인기를 끌었어요.
왈츠에는 어떤 매력이 숨어 있는지 함께 알아볼까요?

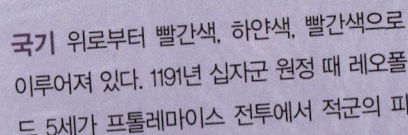

국기 위로부터 빨간색, 하얀색, 빨간색으로 이루어져 있다. 1191년 십자군 원정 때 레오폴드 5세가 프톨레마이스 전투에서 적군의 피를 뒤집어썼는데, 이때 입었던 하얀색 겉옷이 벨트 부분만 빼고 빨간 피로 물들었다는 이야기에서 유래되었다.

역사 오스트리아가 강해진 때는 13세기부터였다. 유럽에서 가장 오래된 합스부르크 왕조가 지배하면서부터, 합스부르크 왕조가 다스리는 거대 제국의 중심지가 되었으며 두 차례에 걸친 오스만 제국의 침략을 물리쳐 유럽을 지켜 냈다. 18세기에 전성기를 누렸지만 점점 힘이 약해져 제1차 세계 대전에서 패하고 1918년에 공화국이 되었다.

정보 오스트리아의 공식 이름은 오스트리아 공화국이다. 수도는 빈이고, 독일어를 사용한다.

쇤브룬 궁전 함부르크 제국의 황제가 머물던 성

멜크 수도원 멜크 시가지 위 절벽에 자리한 오랜 역사를 자랑하는 수도원

호엔잘츠부르크 성채 잘츠부르크 대주교가 높은 산에 세운 성채

빈 소년 합창단 세계에서 가장 유명한 소년 합창단

오스트리아는 유럽 대륙 중앙에 있는 나라야.

오스트리아에는 독일계 오스트리아 사람들이 가장 많이 살고 있어.

왈츠

모차르트 오스트리아를 대표하는 천재 음악가

　샹들리에가 반짝이는 휘부른 궁전 안이 멋지게 차려 입은 신사 숙녀들로 꽉 찼어요. 정장을 빼입은 신사가 숙녀 앞으로 다가가 먼저 인사하면, 고운 드레스를 입은 숙녀가 살짝 무릎을 굽혀 답하지요. 신사가 정중하게 손을 내밀어 숙녀를 에스코트해요.

　이때 궁전 안에 경쾌한 음악이 울려 퍼지면 어깨가 들썩일 정도로 흥이 올라요. 손을 잡은 신사와 숙녀는 둥글게 원을 그리면서 음악에 맞춰 궁전 안의 홀을 돌고 또 돌아요.

　"춤추기에는 왈츠가 최고야."

　"멜로디도 귀에 쏙쏙 들어오고 박자를 맞추기도 쉬우니까요, 호호호."

　춤추는 사람들의 얼굴에 행복한 미소가 번졌어요.

　오스트리아의 수도 빈에서는 이렇게 왈츠에 맞추어 춤추는 광경을 쉽게 볼 수 있었답니다.

왈츠는 오스트리아에서 처음 만들어졌어요. 그래서 오스트리아를 '왈츠의 고향'이라고도 하지요. 왈츠는 원래 오스트리아의 민속춤이었어요. 하루 일과를 마친 농민들이 삼삼오오 모여 흥겹게 추던 춤이었지요. 그러다가 궁전에서 무도회를 열 때 귀족들이 추는 춤으로 발전한 거예요.

오스트리아에서 왈츠가 인기 있는 춤곡이 된 까닭은 슈트라우스 가문 덕분이에요. 슈트라우스 가문은 19세기에 오스트리아에서 이름을 떨친 음악가 요한 슈트라우스의 가문이지요.

음악가 요한 슈트라우스 1세는 150여 곡이 넘는 왈츠를 작곡했어요. 그는 과

거의 왈츠와는 다른 빈 왈츠의 기초를 닦았어요. 보통 왈츠는 그리 빠르지 않았어요. 그런데 요한 슈트라우스 1세가 작곡한 빈 왈츠는 보통의 왈츠보다 박자도 빠르고 리듬도 독특했어요. '왈츠' 하면 경쾌한 리듬과 빠른 몸놀림이 생각나지요? 그것이 빈 왈츠예요.

그의 아들인 요한 슈트라우스 2세는 빈 왈츠의 인기를 더욱 높여 놓았어요. 요한 슈트라우스 2세는 '왈츠의 왕'이라는 평가를 받을 정도로 빈 왈츠를 발전시켰어요. 평생 동안 무려 500여 곡의 왈츠를 만들었지요.

그중 대표 곡이 그 유명한 〈아름답고 푸른 도나우 강〉이에요. 이 곡은 오스트리아에서 '제2의 국가(國歌)'라고 불릴 만큼 많은 사랑을 받는답니다.

왈츠는 남녀가 서로 껴안고 추는 춤이어서, 1760년 바이에른에서는 금지되기도 했어.

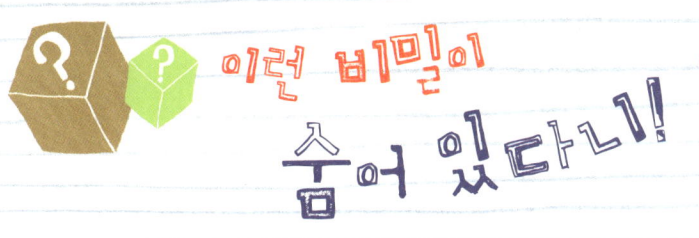
이런 비밀이 숨어 있다니!

어떻게 해서 빈이 음악의 도시가 되었는지 아니? 이름만 들어도 다 아는 세계 최고의 음악가 요한 슈트라우스, 모차르트, 베토벤, 슈베르트가 빈에서 활동했거든. 이들은 왕실과 귀족의 후원을 받으며 수준 높은 작품을 만들었어. 이 음악가들이 활동하던 18세기에는 마리아 테레지아 여왕이 오스트리아를 다스리고 있었어. 오스트리아 역사상 가장 위대한 왕으로 손꼽히는 마리아 테레지아 여왕은 주변의 여러 나라들을 정복해 거대한 오스트리아 제국을 이루었지.

여왕이 관심을 가졌던 분야는 문화 부분이었어. 특히 음악을 매우 사랑하여 궁정에서 오페라 공연과 음악회를 자주 열었어. 궁정에 음악가를 따로 두고, 이들에게 최고 대우를 해 주었어. 이런 분위기 덕분에 젊고 야심찬 음악가들이 속속 빈으로 모여들었지.

그러면서 빈은 음악의 도시로 떠올랐고, 뛰어난 음악가들이 많이 나왔어. 그 역사가 지금까지 이어져 빈을 '음악의 도시'라고 부르는 거란다.

왈츠의 왕 요한 슈트라우스 2세의 동상이야.

그리스

신들에게 바치던 경기
올림픽

올림픽 개회식을 보면 그리스 선수들이
가장 먼저 입장해요. 왜 그런지 알고 있나요?
그리스에서 고대 올림픽이 탄생했고
제1회 근대 올림픽이 열렸기 때문이에요.
지금도 그리스에는 고대 올림픽이
탄생한 올림피아 유적지가 보존되어 있답니다.

국기 하얀색과 파란색 줄 아홉 개가 번갈아 그려져 있다. 왼쪽 윗부분에는 파란 직사각형 안에 하얀색 십자가가 있다. 하얀색은 평화를, 파란색은 그리스의 푸른 바다와 하늘을 상징한다.

역사 서양 문화의 시작이자 뿌리인 나라이다. 하지만 2,000년 넘게 침략자들의 지배를 받아 왔다. 산악 지역이 많아서 독자적인 고대 도시 국가들이 많았는데, 대표적인 도시 국가가 아테네와 스파르타였다. 두 도시 국가는 다른 도시 국가들과 힘을 합쳐 페르시아와 싸우며 침입을 막아 냈지만 서로 충돌이 생겨 전쟁이 벌어졌고, 그러는 사이에 마케도니아의 알렉산더 대왕에게 정복당하고 말았다. 이후 기원전 146년부터 로마의 지배를 받았으며, 4세기 말부터 15세기까지 비잔틴 제국의 지배를 받았다. 15세기 중반부터 오스만 투르크 제국의 지배를 받다가 1830년에야 런던 회의에서 독립을 인정받아 1832년 그리스 왕국이 되었다.

정보 그리스의 공식 이름은 그리스 공화국이다. 수도는 아테네이고, 그리스 어를 사용한다.

고대의 그리스는 왕이 다스리는 통일 국가가 아니라 수백 개의 도시 국가들로 나뉘어 있었어요. 도시 국가들은 늘 전쟁을 일으켜 그리스 곳곳에서 수많은 사람들이 목숨을 잃었어요. 거리는 집과 가족을 잃은 사람들로 가득 찼고, 다른 나라로 끌려가 노예가 되는 사람들도 많았지요.

그러자 그리스의 도시 국가 중 하나였던 엘리스의 이피토스 왕이 신들에게 기도를 올렸어요.

"어떻게 하면 그리스 땅에서 전쟁을 몰아낼 수 있을까요? 방법을 알려 주십시오."

신들은 다음과 같은 답을 내렸어요.

"신전에 제물을 바치고, 신을 기리는 제전을 열도록 하라!"

왕은 신들의 응답이 무슨 뜻인지 오래 생각하다가 답을 찾아냈어요.

"그래, 제우스 신께 바치는 대회를 여는 거야. 그리스의 젊은이들이 모여 실력을 겨루고 신께 우리를 보호해 달라고 기도를 올리자!"

고대 그리스의 도시 국가들은 저마다의 신에게 제사를 지낸 뒤, 축제를 열어 다 함께 어울리는 전통이 있었어

요. 이 중 가장 규모가 큰 축제가 올림피아에서 제우스 신을 모시는 행사였는데, 언제부터인가 이 행사가 중단되었던 거예요.

이렇게 해서 기원전 776년 올림피아에서 최초의 올림픽 경기가 열리게 되었어요. 올림피아는 제우스가 사람들의 기도에 응답을 내리던 장소였어요. 당시 올림피아는 바다를 통하든, 육지를 통하든 어디서나 쉽게 들어갈 수 있는 곳이어서 경기가 열리기에 더없이 좋았지요.

올림픽 경기는 고대 그리스 전체가 즐기는 축제였어요. 경기가 시작되기 한 달 전에는 그리스의 모든 지역에서 전쟁을 멈추어야 했어요. 최초의 올림픽 경기는 달리기였는데, 선수들이 달리는 코스는 200미터가 채 안 되었어요. 이 경주를 '스타디온'이라고 했는데, 오늘날 육상 경기가 열리는 주 경기장의 이름 '스타디움'이 이 단어에서 유래했지요.

첫 올림픽은 이렇듯 규모도 작고 경기도 하나밖에 없었어요.

고대 올림픽은 7월에서 9월 사이에 열렸어.

구경하는 사람들도 몇몇 도시 국가 사람들이 전부였고요. 하지만 시간이 흐르면서 올림픽의 인기가 높아졌고 올림픽을 보러 오는 사람들도 많아졌어요. 경기 종류도 점점 늘어나 달리기는 물론 왕복 달리기, 장거리 달리기, 레슬링, 멀리뛰기, 창던지기, 원반던지기, 권투, 승마 같은 경기도 더해졌지요. 운동 경기뿐만 아니라 시인, 예술가, 철학자 들이 모여 연극이나 공연으로 실력을 겨루기도 했답니다.

그리스의 몇몇 도시 국가들만 참가하던 올림픽은 이후 에스파냐와 로마에서 수천 명의 사람들이 몰려들 정도로 인기가 아주 높았어요. 고대 올림픽은 393년에 폐지될 때까지 1,000년 동안 이어졌지요.

올림픽이 다시 세상의 빛을 보게 된 때는 1896년이었어요. 올림픽을 부활시키자고 주장한 사람은 프랑스 귀족인 쿠베르탱이었어요. 그는 프랑스 젊은이들의 몸과 마음을 강하게 만드는 스포츠 교육에 관심이 있었는데, 고대 올림픽에 관한 자료를 읽다가 아이디어를 얻었지요.

쿠베르탱은 1912년에 올림픽의 상징인 오륜기도 만들었어요. 오륜기는 전 세계 다섯 개의 대륙을 상징하며, 1920년 벨기에의 엔트워프 올림픽 때부터 정식으로 사용되었답니다.

제1회 근대 올림픽은 1896년 그리스의 아테네에서 열렸어요. 올림픽이 열리면 개회식 때 그리스 선수들이 가장 먼저 경기장에 들어오지요? 이것은 올림픽의 고향인 그리스를 존중하기 때문이랍니다.

이런 비밀이 숨어 있다니!

고대 올림픽 때 선수들이 알몸으로 경기했다는 것을 아니? 그건 관중들도 마찬가지였다고 해. 남자들이 알몸으로 경기했기 때문에, 여자들은 경기를 볼 수 없었어.

경기에서 우승한 사람에게는 올리브 잎으로 만든 관을 머리에 씌워 주었어. 그리스 사람들은 올리브 나무를 신성하게 여겼거든. 그러니까 올리브 관을 받는다는 것은 굉장히 영예로운 일이었지. 나중에 우승자는 상금까지 받았어. 올림픽 우승자가 되면 조상을 신전에 세울 수 있고, 행사에 귀빈으로 참석할 수 있었단다.

> 올림픽 우승자에게는 월계관을 씌워 주었어.

바티칸 시국

가톨릭의 상징
산 피에트로 대성당

바티칸 시국은 세계에서 가장 작은 나라이자
세계에서 가장 큰 성당이 있는 곳이에요.
국토도 인구 수도 가장 작은 독립국이지만
가톨릭교회의 본거지로 막강한 영향력을 끼치고 있답니다.
바티칸 시국이 언제, 어떻게 세워졌는지 알아볼까요?

바티칸 시국은 이탈리아의 로마 북서부에 있는 나라야.

라파엘로 이탈리아를 대표하는 화가

국기 바티칸 시국의 국기는 국기이면서 동시에 교황기이기도 하다. 하얀색 부분에 그려진 문양은 교황관과 두 개의 열쇠를 나타낸다. 열쇠는 교황을 상징한다.

역사 베드로의 무덤이 있던 자리에 세워졌다. 이후 교황과 황제가 번갈아 가면서 다스렸다. 그러다가 1929년에 독립 주권 국가가 되어 교황이 지배권을 전부 넘겨받으면서 오늘에 이르렀다.

정보 바티칸 시국의 공식 이름은 바티칸 도시 국가이다. 수도는 바티칸 시티이고, 이탈리아 어를 사용한다.

이탈리아의 수도 로마에는 아주 작은 나라가 있어요. 국토가 얼마나 작은지 한나절이면 나라 전체를 돌아볼 수 있어요. 그곳은 바로 교황이 살고 있는 바티칸 시국이랍니다. 바티칸 시국은 국토가 0.44제곱킬로미터이고, 인구는 1,000명 정도예요. 하지만 분명히 독립 국가이고, 교황이 나라를 대표하고 있지요.

바티칸 시국이 있는 장소는 '바티칸 언덕'이라고 불리던 곳이었어요. 고대 로마 사람들이 점을 치고, 신들에게 기도를 하던 신성한 장소였지요. 이후 기독교를 믿는 사람들이 처형을 당하는 곳이 되었다가 나중에는 신들을 모시는 제단과 무덤 등이 세워졌어요.

이곳에 바티칸 시국이 세워진 시기는 약 2,000년 전이에요. 교황의 힘이 강할 때에는 교황이 이곳을 직접 다스렸지만 황제의 힘이 강해지면 황제가 이곳을 다스렸어요. 그러다가 1900년대 들어 지금의 독립 국가가 되었지요.

바티칸 시국이 속해 있는 이탈리아는 오랫동안 여러 개의 주로 나뉘어 있었어요. 그러다가 1868년에 접어들어 통일 운동이 시작되었는데, 이때 이탈리아 국왕과 교황청의 사이가 틀어졌어요. 당시 사르데냐 국왕이 "모든 종교 의식은 국왕이 채택한 방식에 따라야 한다."고 명령했거든요.

이 소식을 들은 교황 피우스 9세는 크게 화를 냈어요.

"이것은 이탈리아의 국왕이 교황을 인정하지 않겠다는 말이다. 그렇다면 우리도 이탈리아 국왕을 인정할 수 없다!"

이탈리아는 교황파와 국왕파로 나뉘어 대립했어요. 이 상황은 1922년까지 이어졌다가 무솔리니가 새 지도자가 되면서 바뀌었어요. 무솔리니는 국민의 마음을 하나로 모아 자신의 편으로 만들어야 했어요. 그러기 위해 교황에게 손을 내밀었지요.

"가톨릭을 인정하고, 이탈리아에서 빼앗아 간 교황청의 재산을 전부 내주겠소. 그리고 바티칸을 독립 국가로 인정하겠소. 그러니 교황청에서도 나를 인정해 주시오."

당시 교황이었던 피우스 11세는 무솔리니의 제안을 받아들였어요. 이렇게 해서 바티칸은 독립 국가로 인정받게 되었답니다.

전 세계의 가톨릭 신자 수는 약 8억 명에 이른다고 해요. 그래서 바티칸 시국은 아주 작은 나라이지만, 전 세계 종교와 사회에 끼치는 영향력이 굉장히 커요.

바티칸 시국에는 세계에서 가장 큰 성당인 산 피에트로 대성당이 있어요. 대성당은 예수의 열두 제자 중 한 명이자 최초의 교황이었던 성 베드로의 무덤 위에 지어졌는데요, 대성당을 다 짓는 데 무려 120년이 걸렸어요.

산 피에트로 대성당과 가까운 곳에는 세계에서 가장 아름다운 바티칸 궁전이 있어요. 교황의 생활 공간으로 만들어졌는데, 지금은 박물관으로도 널리 알려졌어요. 역대 교황들이 모은 엄청난 양의 미술품들은 물론 미켈란젤로, 라파엘로 등 이름난 화가들의 작품들도 볼 수 있거든요.

그곳에 있는 시스티나 성당의 천장에는 미켈란젤로가 그린 〈천지창조〉가 있어요. 길이가 무려 41미터나 되는, 세계에서 가장 큰 벽화랍니다. 미켈란젤로는 1508년에 이 그림을 그리기 시작해 4년 뒤 1512년에 완성했어요. 이로부터 29년 뒤인 1541년에는 〈최후의 심판〉을 완성했지요.

바티칸 시국에는 15~16세기의 유명한 화가, 조각가, 건축가들의 작품도 많이 있어요. 이렇게 바티칸 시국은 도시 전체가 문화 예술적 가치가 높아 유네스코 세계 문화유산으로 지정되었답니다.

이런 비밀이 숨어 있다니!

스위스 군인들이 바티칸 시국을 지킨다는 걸 아니? 바티칸 시국의 교황청 앞에는 노란색, 파란색, 빨간색 줄무늬 옷을 입은 군인들이 교황청을 지키고 있어. 그런데 재미있는 것은 이 병사들이 스위스 사람들이라는 거야.

왜 스위스 사람들이 바티칸 시국을 지키고 있는 것일까? 1527년에 로마 제국이 바티칸 시국을 공격한 적이 있는데, 이때 교황과 교황청을 끝까지 지킨 사람들이 스위스 용병들이었다고 해. 예로부터 스위스 남자들은 돈을 받고 다른 나라의 전쟁에 용병으로 참여하는 일이 많았거든. 이때부터 교황을 지키는 일을 스위스 사람들이 맡게 된 거란다.

정렬적인 경기
투우

에스파냐의 사람들은 열정적인 기질을 가지고 있어요.
그래서 에스파냐를 '정열의 나라'라고 부르지요.
에스파냐에는 정열적인 축제가 많은데,
특히 투우 경기에 많은 관광객들이 몰려들어요.
투우 경기에 어떤 매력이 숨어 있는지 들여다볼까요?

대부분의 국민이 에스파냐 사람들이야.

플라멩코를 추는 무희

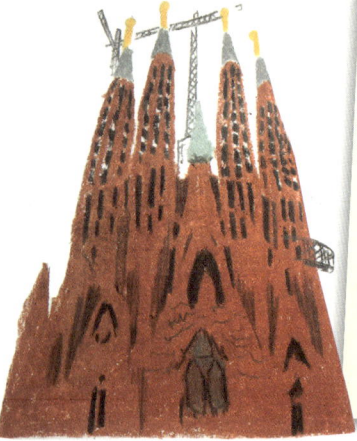

국기 노란색이 가운데에 있고 양쪽 끝에 빨간색이 있다. 노란색은 국토를 나타내고, 빨간색은 국토를 지키기 위해 흘린 피를 상징한다. 노란색 바탕 가운데에 있는 문양은 옛날 에스파냐에 있던 다섯 개 왕국의 문장을 조합한 것이다.

역사 기원전 11세기에 그리스, 페니키아, 카르타고 사람들의 지배를 받았다. 8세기에는 이슬람교도인 무어 인에게 정복당해 수백 년 동안 지배를 받았다. 그러나 1492년에 그들을 물리쳤고, 콜럼버스가 아메리카 대륙을 발견하면서 탐험과 정복의 시대를 열었다. 한때 에스파냐는 대제국을 건설했지만 16세기 말부터 힘을 잃었고, 1950년대 이후 다시 경제 발전을 이루어 공업 국가로 탈바꿈했다.

정보 에스파냐(영어로는 스페인)의 공식 이름은 스페인 왕국이다. 수도는 마드리드이고, 에스파냐 어(스페인 어)를 사용한다.

거대한 투우 경기장 안. 붉은색 옷을 입은 관중들로 가득 찬 경기장 안은 발 디딜 틈조차 없어요. 잠시 후 팡파르가 울리자 투우사들이 황소와 함께 경기장 안으로 들어섰어요.

"와!"

우레와 같은 함성 소리가 경기장 안에 울려 퍼지자 열기는 더욱 뜨거워졌어요.

경쾌한 음악에 맞춰 투우사들이 경기장을 돌면서 행진을 해요. 투우사들은 빨간색 바탕에 금실로 수놓은 옷을 입고 있어요. 관중들은 뜨거운 박수로 이들을 맞이하지요. 투우사들은 팀을 이루어 경기를 해요. 팀은 '마타도르'라고 하는 우두머리 투우사와 그의 조수들로 이루어져 있어요. 하루에 보통 세 팀이 경기를 하는데, 한 팀이 황소 두 마리씩을 상대해요. 사회자가 경기에 참가한 투우사들을 한 명씩 소개하면 본격적으로 경기가 시작돼요.

드디어 투우장의 문이 열리고 황소가 경기장 안으로 들어왔어요.

마타도르

블루라델로

그러자 세 명의 투우사가 나섰어요. 이들은 '블루라델로'인데, 마타도르의 조수들이에요. 블루라델로들이 황소 앞에서 붉은 천을 이리저리 휘둘러요. 경기가 시작되기 전 어두운 곳에 오랫동안 갇혀 있던 황소는 붉은색을 보고 흥분해서 날뛰기 시작해요. 이때 마타도르는 황소의 움직임을 지켜보면서 어떻게 공격할지를 생각해요.

황소를 유인했던 블루라델로가 퇴장하면 말을 탄 피카도르 두 명이 흙먼지를 일으키면서 등장해요. 피카도르는 말을 타고 황소 주변을 뱅뱅 돌면서 공격할 기회를 엿봐요. 그러다가 긴 창으로 황소의 등을 찔러요. 그러면 황소는 걷잡을 수 없는 상태가 되어 경기장 곳곳을 마구 뛰어다녀요. 이때 세 명의 반데리예로가 등장해 작살 여섯 개를 황소의 목과 등에 찔러요.

이제 마지막으로 마타도르가 등장해요. 이것이 투우 경기에서 가장 중요한 장면이에요. 한 손에 검을, 다른 한 손에 붉은 천을 든 마타도르가 입장하면 사람들은 경기장이 떠나가라 소리를 질러요. 마타도르는 천천히 붉은

피카도르

반데리예로

천을 휘둘러요. 붉은 천은 마타도르의 손끝 아래에서 자유자재로 움직여요. 때로는 춤을 추듯 부드럽게, 때로는 공격을 하듯 강렬하게요. 그러면 황소는 마타도르의 손끝에서 나부끼는 붉은 천을 보고 더욱더 흥분해요. 관중들은 마타도르의 현란한 손놀림에 넋을 잃고요.

소의 흥분이 절정에 이르는 순간, 마타도르가 소의 심장을 향해 검을 내리꽂아요. 칼을 맞은 소는 붉은 피를 철철 흘리며 그 자리에 쓰러지고 결국 숨을 거두지요.

에스파냐에는 300여 개가 넘는 투우 경기장이 있고, 마드리드나 바르셀로나 같은 대도시에는 2만 명 이상이 참관할 수 있는 경기장도 있어요. 투우 경기는 3월부터 10월까지 열려요. 일요일이나 축제일에 열리는데, 주로 더위가 한풀 꺾이는 오후 5시부터 시작되곤 하지요.

투우가 열리는 날이면 도시의 가게들이 전부 문을 닫을 정도로 에스파냐 사람들은 투우를 좋아한답니다.

투우사는 금은으로 장식된 화사한 옷을 입고 엄숙한 분위기를 만들어 낸단다.

이런 비밀이 숨어 있다니!

투우사가 되려면 어떻게 해야 하는지 아니? 투우사는 자칫 잘못하면 황소에게 공격을 받아 다치기도 하고, 심한 경우에는 목숨을 잃기도 해. 정말 위험한 직업이지? 그래서 투우사가 되려면 투우 학교를 다녀야 해. 투우 학교에서 정식으로 투우사 교육을 받은 다음에야 경기장에 설 수 있지. 투우사는 무조건 황소를 죽이는 게 아니라 아슬아슬하게 황소의 공격을 피하다가 죽여야 해. 그래야 영웅으로 인정받지. 만약 무서워서 황소를 피하면 황소의 뿔에 받힐 수도 있어. 투우사는 목숨을 걸고 일하는 직업이기 때문에 훈련이 굉장히 엄격하고 어려워. 투우사 중에는 아주 드물게 여성 투우사도 있단다.

세계의 입맛을 사로잡은
피자

수백 년 동안 서양 문명의 역사를 이끌어 온 이탈리아에는 세계인의 입맛을 사로잡은 음식이 있어요. 바로 피자예요. 맛있는 피자는 나폴리에서 처음 생겨났답니다. 그런데 피자가 가난한 서민들이 먹었던 음식이라는 사실을 알고 있나요?

국기 초록색, 하얀색, 빨간색으로 이루어진 삼색기다. 초록색은 이탈리아의 국토를, 하얀색은 알프스의 눈과 평화를, 빨간색은 애국자들의 피를 상징한다.

역사 기원전 27년에 세워진 로마 제국에서 시작되었다. 고대 로마 제국은 2세기 무렵에 지중해와 맞닿은 모든 지역을 지배했으며 다른 나라의 정치, 예술, 건축에 영향을 주었다. 5세기에 로마 제국이 멸망한 뒤 여러 통치자들이 이탈리아 반도를 나누어 다스렸다. 그 뒤 1861년에 최초로 독립 국가로 통일되었다. 그러나 1920년대 초에 파시스트인 무솔리니가 정권을 장악해 1943년까지 다스렸다. 1946년에는 공화국이 되었고, 제2차 세계 대전 이후 매우 빠르게 산업 국가로 성장했다.

정보 이탈리아의 공식 이름은 이탈리아 공화국이다. 수도는 로마이고, 이탈리아 어를 사용한다.

피사의 사탑 피사 대성당에 있는 종탑

곤돌라 베네치아의 주요 교통수단

바티칸 궁전

콜로세움 고대 로마 시대의 원형 경기장

파스타

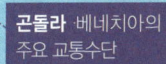

치즈

이탈리아는 오랫동안 여러 개의 독립국으로 나뉘어 있다가 1861년에 통일되었어. 그래서 지역마다 자부심이 크고 특색이 아주 강해.

이탈리아는 유럽 남부에서 지중해로 뻗은 장화 모양의 반도 국가야.

고대 로마 시대의 귀족들은 식사 때 주로 육류를 먹었지만, 가난한 서민들은 거의 굶주린 생활을 해야 했어요.

"귀족들은 날마다 고기를 먹는다던데, 단 하루라도 좋으니 그런 음식을 배불리 먹어 봤으면 소원이 없겠어."

가난한 백성들은 밀가루를 반죽해 구운 빵으로 끼니를 해결했어요. 하지만 그 빵에선 아무런 맛도 느낄 수 없었지요.

"맛이 너무 없군. 빵을 좀 맛있게 만들 수는 없을까?"

그때 누군가가 말했어요.

"그리스 사람들이 즐겨 먹는다는 빵, 먹어 본 적 있나? 아주 고소해서 입에 착 달라붙는다던데."

당시 그리스 사람들이 빵을 만드는 방법은 아주 독특했어요. 보통 빵은 밀가루에 물을 넣어 반죽한 다음 화덕에 구워 내요. 하지만 그리스 사람들은 밀가루 반죽에 오일, 양파, 마늘 그리고 여러 가지 허브를 넣어 화덕에 구웠어요. 밀가루 반죽에 양념을 더했으니 맛이 훨씬 좋았겠지요?

"아무리 그래도 그리스 사람들을 그대로 따라 할 수야 없지. 우리만의 재료를 하나 더 넣자고!"

로마 사람들은 반죽 위에 고소한 치즈를 잔뜩 뿌렸어요. 치즈를 넣었을 뿐인데도 빵의 맛이 아주 새로워졌어요. 특히 한입 베어 물 때마다 쭉쭉 늘어지는 치즈의 감칠맛은 상상을 넘어섰지요. 칼로리가 높은 치즈가 들어 있어 한 끼 식사로도 그만이었고 영양가도 최고였어요.

이 빵을 '플라첸타'라고 하는데, 이 말에서 '피자'라는 단어가 나왔다고 해요. 그러나 고대 로마 사람들이 먹었던 플라첸타가 곧 오늘날의 피자는 아니에요. 오늘날의 피자가 되기까지는 1,000년이라는 세월이 더 지나야 했지요.

어느 날, 나폴리의 유명한 요리사가 이런 생각에 골똘히 빠져 있었어요.

"플라첸타는 맛이 좋긴 한데 좀 느끼해. 뭔가 한 가지 재료를 더 섞으면 느끼한 맛이 덜할 텐데."

그때 번뜩이는 아이디어가 떠올랐어요. 바로 토마토였어요. 이탈리아는 지중해성 기후라서 어디서든지 쉽게 토마토를 구할 수 있었어요.

요리사는 토마토를 넣어 빵을 구웠어요. 그랬더니 맛이 훨씬 담백하고 좋았어요. 그런데 당시에는 이 피자를 가난한 서민들만 먹었어요. 왕족이나 귀족들은 거들떠보지도 않았지요.

그러던 1889년 어느 날, 당시 이탈리아를 다스리던 움베르토 1세는 왕비인 마르게리타와 함께 나폴리를 방문했어요. 왕비가 피자를 먹고 싶다고 하자, 왕은 나폴리에서 가장 유명한 요리사에게 피자를 만들어 오라고 명을 내렸지요.

요리사는 어떻게 특별한 피자를 만들까 고민하다가 무릎을 탁 쳤어요. 그리고 정성을 다해 피자 반죽을 만들고, 재료를 섞어 피자를 구웠지요. 그렇게 해서 만든 피자를 왕비 앞에 내놓자 왕비의 얼굴에 환한 웃음꽃이 피었어요.

"이것은 세상에 단 하나밖에 없는 피자군요. 당신은 정말 훌륭한 요리사이자 애국자예요."

왕비가 왜 요리사에게 애국자라고 했을까요? 요리사가 피자 반죽 위에 붉은색 토마토와 향기 나는 초록색 바질, 하얀색 모차렐라 치즈를 차례대로 얹어 이탈리아의 국기처럼 만들었거든요. 그 후로 사람들은 그 피자를 '마르게리타 피자'라고 불렀어요. 마르게리타 피자는 지금도 이탈리아 사람들이 가장 좋아하는 피자랍니다.

19세기 후반에 미국으로 이민 간 이탈리아 사람들이 피자를 만들어 팔기 시작했어.

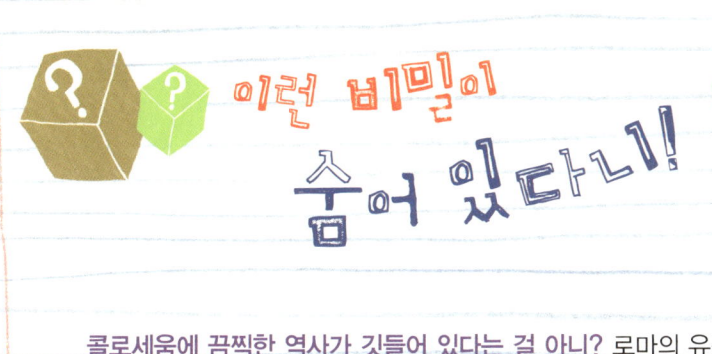
이런 비밀이 숨어 있다니!

콜로세움에 끔찍한 역사가 깃들어 있다는 걸 아니? 로마의 유적지 중 가장 널리 알려진 것이 콜로세움이야. 72년에 세워진 콜로세움은 로마에서 가장 큰 원형 극장이었어. 둘레 527미터, 높이 48미터에 이르는 아주 웅장한 야외극장이었지. 무려 5만여 명이 들어갈 수 있었는데, 입구만 80여 개가 넘어서 사람들이 아무리 많아도 10분이면 모두 입장할 수 있었다고 해.

그런데 거대하고 웅장한 극장에서는 아주 잔인한 경기가 벌어졌어. 노예, 죄수, 전쟁 포로 들로 이뤄진 검투사들끼리 목숨을 건 싸움을 했지. 때로는 무서운 맹수들과 맞서 싸우기도 했어. 싸움은 누구 한 사람이 죽기 전까지는 결코 끝나지 않았어. 양쪽이 끝까지 팽팽하게 맞설 때는 왕이 엄지손가락을 들어야 끝낼 수 있었어. 하지만 그런 경우는 아주 드물었지.

이렇게 잔인무도한 경기는 이후 400여 년 동안이나 계속되었단다.

루마니아

흡혈귀가 아니라 영웅이었던
드라큘라

어둠이 내리면 무덤에서 나와 사람의 피를 빨아먹는 흡혈귀 드라큘라. 상상만 해도 오싹하지요? 드라큘라는 아일랜드의 한 소설가가 만들어 낸 인물이에요. 루마니아의 '블라드 체페슈'라는 사람을 모델로 삼았지요. 그는 어떤 사람이기에 드라큘라의 모델이 되었을까요?

라틴계 뿌리를 가진 루마니아 사람들이 국민의 약 90퍼센트를 차지해.

드라큘라

국기 파란색은 자유를, 노란색은 풍요를, 빨간색은 애국자들의 피를 상징한다.

역사 기원전 4세기에 루마니아의 시작이라고 할 수 있는 다키아 왕국이 세워졌다. 하지만 2세기에 로마 제국에게 정복되면서 12세기까지 이민족의 침략을 받았다. 1300년대에 들어서야 루마니아 남부와 동부에 독립 국가가 세워졌다가 1861년에 루마니아로 통합되었다. 자원이 풍부한 나라이지만 유럽에서 산업화가 가장 늦게 이루어졌다.

정보 루마니아의 공식 이름은 루마니아이다. 수도는 부쿠레슈티이고, 공용어는 루마니아 어이며, 헝가리 어와 독일어를 사용하기도 한다.

루마니아의 수도인 부쿠레슈티에서 세 시간 정도 차를 타고 가면 '브란 성'이라는 유명한 성이 있어요. 전 세계에서 온 관광객들로 북적거리는 곳이지요. 루마니아의 시골 마을에 있는 성이 이렇게 유명해진 이유는 무엇일까요?

바로 '드라큘라 성'이기 때문이에요. 날카로운 이를 번뜩이며 사람의 피를 빨아먹는 드라큘라. 이름만 들어도 등골이 오싹해지지요?

그런데 드라큘라는 소설이나 영화에 나오는 상상 속 인물이 아니라 브란 성에 살았던 실제 인물이에요. 1300년대 루마니아에는 두 개의 독립 국가가 있었어요. 하나는 왈라키아 공국이었고 또 하나는 몰다비아 공국이었지요. 드라큘라는 왈라키아 공국을 다스리는 영주였어요. 이름은 블라드 체페슈였고요. 그는 영주에 맞서려는 귀족들을 누르고 권력을 잡은 사람이었어요.

그 시절 왈라키아 공국은 오스만 제국 때문에 골머리를 앓았어요. 동쪽에서 일어난 오스만 제국은 막강한 군사력을 앞세워 전 세계를 정복해 가고 있었지요.

어느 날, 오스만 제국의 사신들이 블라드 체페슈를 찾아왔어요.

"왈라키아 공국은 앞으로 오스만의 황제에게 공물을 바치시오."

사신들은 기세등등하게 말했어요.

"우리는 오스만 제국에게 공물을 바칠 이유가 없소."

블라드 체페슈는 단칼에 사신들의 명을 거부했어요.

"감히 우리에게 반기를 들다니! 그대의 왕국은 무시하지 못할 것이오."

생각지도 못한 거절을 당하자 사신들은 얼굴이 붉으락푸르락해졌어요. 그렇다

고 겁먹을 블라드 체페슈가 아니었지요. 블라드 체페슈는 사신들을 꼬챙이로 찔러 죽여 버렸어요.

이 소식을 들은 오스만 제국의 황제는 크게 화를 냈어요.

"하룻강아지 범 무서운 줄 모른다더니, 감히 오스만 제국에 반기를 들어?"

오스만 제국의 황제는 군사를 일으켜 왈라키아 공국을 공격했어요.

블라드 체페슈는 이 소식을 들었지만 눈 하나 깜짝하지 않았어요. 그는 군사들을 불러 모으고는 당당하게 말했어요.

"나의 군사들아, 두려워하지 말라. 내가 너희들 앞에 설 것이다!"

블라드 체페슈는 군대의 맨 앞에서 열심히 싸웠어요. 어찌나 싸움을 잘하는지 그와 마주치면 살아남는 사람이 없었어요. 게다가 블라드 체페슈는 포로들을 아주 무시무시한 방법으로 처형했어요. 꼬챙이로 찔러 죽인 다음 그 시신을 성 밖에 걸어 놓은 거예요. 그래서 모두들 블라드 체페슈의 이름만 들어도 벌벌 떨었다고 해요.

이것이 바로 드라큘라의 실제 모델이었던 블라드 체페슈의 이야기랍니다. '체페슈'는 루마니아 어로 '꼬챙이'를 뜻하는 말이에요. 그가 사람을 죽일 때 꼬챙이를 사용해서 붙여진 이름이랍니다. 정말 으스스하지요?

> 루마니아에서는 드라큘라를 기념해 드라큘라 축제를 연단다.

이런 비밀이 숨어 있다니!

'드라큘라'라는 이름이 어떻게 생겨났는지 알고 있니? 블라드 체페슈한테는 '드라큘'이라는 또 하나의 이름이 있었어. 이것은 루마니아 어로 '용'이라는 뜻이야. 그의 아버지가 '용의 기사단'이라는 작위를 받았는데, 그 이름을 물려받았던 거지.

이렇게 해서 '드라큘'에, 누구누구의 아들이라는 뜻의 루마니아 어 'a(아)'를 붙여 '드라큘라'가 된 거란다. 그런데 용감한 영주의 이야기가 왜 무시무시한 흡혈귀 이야기로 바뀌었을까?

1897년에 아일랜드의 소설가 브람 스토커가 흡혈귀 이야기를 쓰면서 주인공의 이름을 '드라큘라'라고 지은 것에서 시작되었어. 이 이야기가 영화, 연극 등으로 만들어지면서 많은 사람들이 흡혈귀를 '드라큘라'라고 생각하게 되었단다.

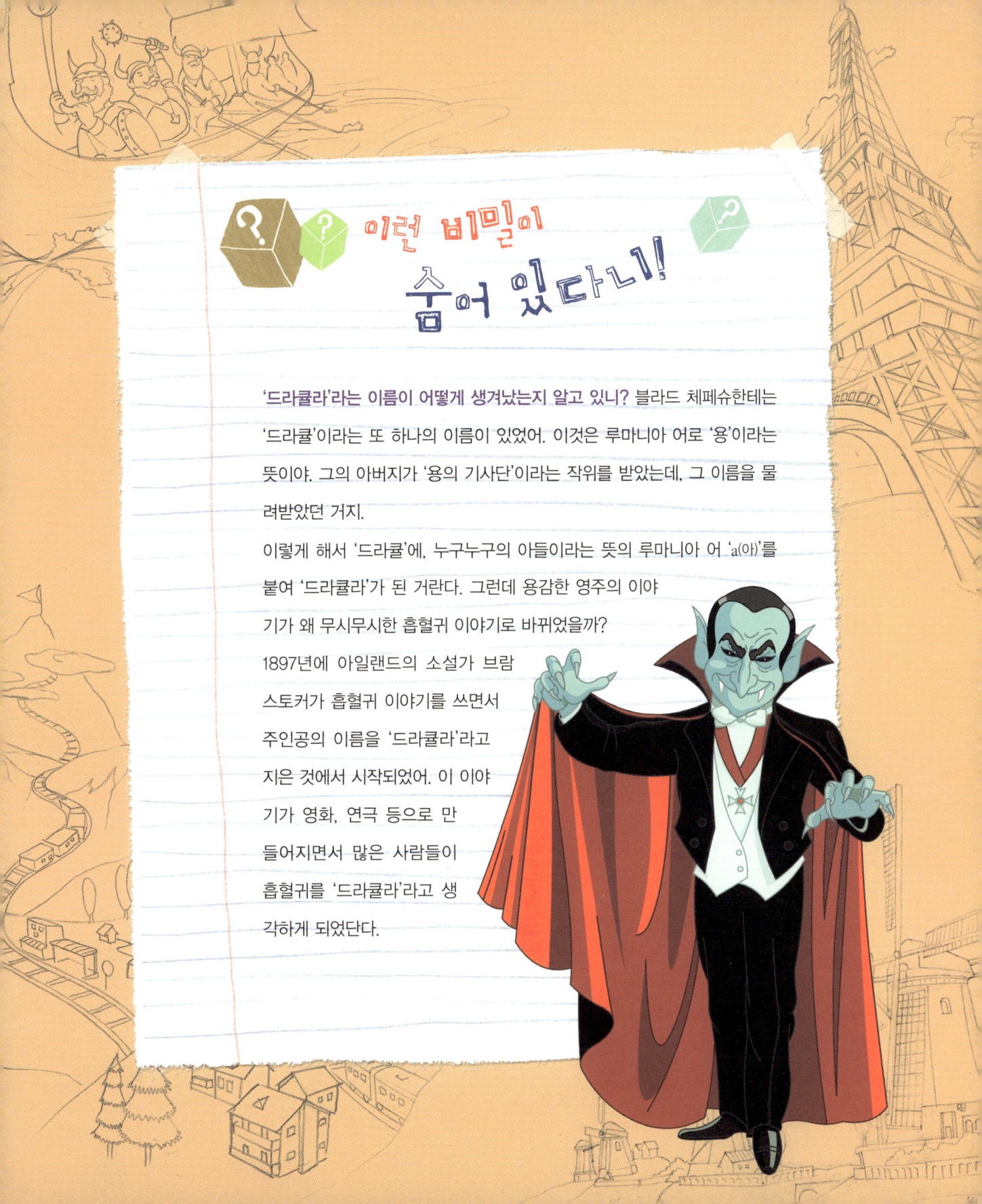

아픈 역사가 남아 있는
아우슈비츠 수용소

폴란드 남부의 한적한 시골 마을에는 유대인을
강제로 가두고 집단 학살했던 수용소가 있어요.
바로 아우슈비츠 수용소예요.
이곳에서 약 400만 명의 유대인이
끔찍하게 학살되었다고 해요.
어떻게 해서 이런 비극이 일어났는지 함께 알아보아요.

국기 하얀색은 환희를, 빨간색은 독립을 상징한다.

역사 다른 민족의 지배를 많이 받았다. 16세기까지는 중부 유럽의 거의 모든 지역을 차지하여 독일, 러시아와 세력을 견줄 정도로 강한 나라였으나 점점 힘이 기울어 1772년에 러시아, 오스트리아, 프로이센에 정복되어 나뉘었다. 그 뒤 100년이 넘도록 외세의 지배를 받다가 1918년이 되어서야 독립해 공화국이 되었다.

정보 폴란드의 공식 이름은 폴란드 공화국이다. 수도는 바르샤바이고, 폴란드 어를 사용한다.

1939년 9월 1일, 독일군이 폴란드를 침략하자, 영국·미국·러시아 등이 독일의 공격을 비난하며 전쟁에 뛰어들어 제2차 세계 대전이 일어났어요.

가장 먼저 독일의 공격을 받은 폴란드는 피해가 어마어마했어요. 독일은 야금야금 폴란드의 영토를 점령해 갔어요.

폴란드 남부에 있는 '오시비엥침'이라는 곳도 독일의 공격을 피해 갈 수 없었어요. 인구 5만 명의 작은 도시 오시비엥침은 독일의 지배를 받게 되면서 지명까지 '아우슈비츠'로 바뀌었지요. 이곳은 작은 공업 도시였지만 독일군의 지배를 받으면서 가슴 아픈 역사가 서린 곳으로 바뀌고 말았답니다.

어느 날, 독일 나치스 정당의 친위대인 하인리히 힘러가 이런 명령을 내렸어요.

"아우슈비츠에 커다란 수용소를 지을 것이다!"

당시 폴란드 사람들 중에는 독일의 침략을 반대하는 사람들이 많았어요. 그래서 그들을 잡아들이려고 수용소를 짓기로 한 것이었지요.

"그 어떤 수용소보다도 무시무시한 곳이 될 것이다. 독일에 반대하는 사람들을 공포로 몰아넣을 수 있는 공간으로 만들어라!"

하인리히 힘러의 계획은 아주 끔찍한 것이었어요. 강제 수용소의 담장에는 고압 전류가 흐르는 가시 철망을 둘러쳤고, 감시탑에는 사람들이 도망가지 못하게 기관총까지 설치해 두었지요.

처음 이 수용소로 끌려온 사람들은 폴란드의 정치범들이었어요.

그러다가 1941년 히틀러가 다음과 같은 명령을 내렸어요.

"유럽에서 유대인들을 모조리 몰아낼 것이다. 유대인들을 모두 잡아 아우슈비츠 수용소에 집어넣어라!"

이것이 히틀러의 유대인 말살 정책이에요.

당시 유대인들은 유럽 전역에 흩어져 살고 있었어요. 히틀러의 명이 떨어지자 폴란드를 비롯해 헝가리, 루마니아, 이탈리아, 체코, 프랑스 등 유럽 각지에 흩어져 있던 유대인들은 목숨을 지키기 위해 숨어 지내야 했지요.

하지만 독일군의 추적은 아주 집요했어요. 산골 구석구석, 지하 방까지 다 뒤져서 숨어 있는 유대인들을 잡아냈지요. 독일군에게 잡힌 유대인들은 기차에 실려 알지도 못하는 곳으로 끌려갔어요. 이들이 갇힌 곳이 바로 아우슈비츠 수용소였어요.

아우슈비츠 수용소에 잡혀간 사람 중 살아서 나온 경우는 거의 없었어요. 병든 사람이나 노인, 아이들은 공동 샤워장으로 보내졌어요. 그러나 말이 샤워장이지 아주 무서운 곳이었어요. 샤워 꼭지를 틀면 독가스가 나와 사람을 죽이는 곳이었지요.

운 좋게 가스실로 끌려가지 않은 사람들은 강제 노동에 시달려야 했어요. 먹을 것도 제대로 못 먹고 고문을 당하며 힘든 노동을 해야만 했지요. 그러다가 총살을 당하는 사람도 있었고, 병에 걸려 죽거나 굶주림으로 세상을 떠나는 사람도 많았어요. 이렇게 목숨을 잃은 유대인이 400만 명이 넘는다고 해요.

상상만 해도 끔찍한 유대인 학살이 일어난 곳이 바로 아우슈비츠 수용소예요. 이곳은 전쟁이 끝난 지금까지도 많은 사람들에게 상처의 현장으로 기억되고 있답니다.

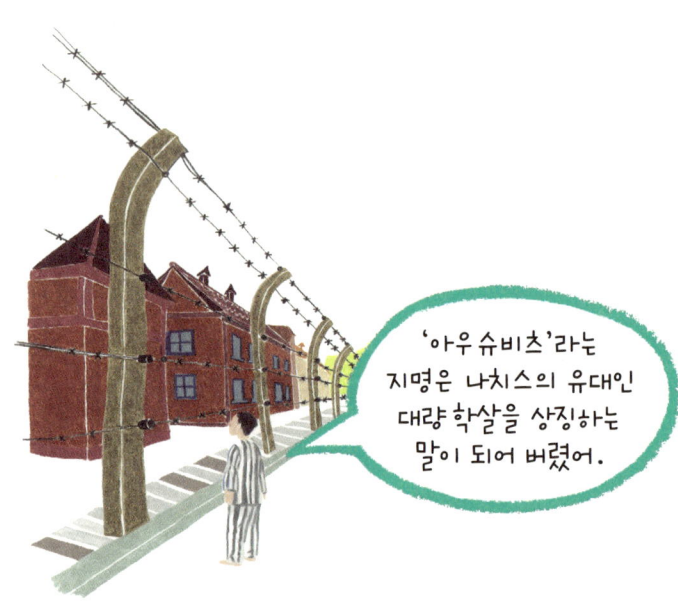

'아우슈비츠'라는 지명은 나치스의 유대인 대량 학살을 상징하는 말이 되어 버렸어.

이런 비밀이 숨어 있다니!

히틀러가 왜 유대인 학살 정책을 폈는지 궁금하니? 그 이유를 알려면 제1차 세계 대전까지 거슬러 올라가야 해.

독일은 당시 전쟁에서 패한 나라였어. 전쟁의 승리국이었던 프랑스와 영국 등은 독일에게 전쟁을 일으킨 책임을 물었어. 독일은 막대한 액수의 전쟁 보상금을 지불해야 했고 식민지도 빼앗겼어. 거기에 세계적으로 불어닥친 경제 공황 때문에 나라 살림도 어려워졌지.

이때 히틀러가 등장했어. 그는 막강한 군사력을 키워 힘을 기른 다음 유럽을 정복하려는 야심을 갖고 있었어. 전쟁을 하려면 독일 사람들의 마음을 하나로 모아야 했어. 그래서 순수한 독일인이 가장 우수한 민족이고, 열등한 유대인들은 없애야 한다고 주장했지. 그리고 이를 명분으로 삼아 유대인 학살을 자행했던 거란다.

나는 끔찍한 유대인 말살 정책을 편 아돌프 히틀러야.

알고 보면 만능 재주꾼
헝가리 집시

헝가리에는 자유롭게 방랑하며 생활하는 집시들이 많이 있어요. 집시들은 가난하고 게으르다는 편견 때문에 차별을 받아 왔어요. 하지만 그들이 만든 음악은 많은 음악가들에게 큰 영감을 주고 있답니다. 헝가리 집시들의 음악을 알아볼까요?

국기 빨간색은 힘, 하얀색은 성실, 초록색은 희망을 상징한다.

역사 9세기 말, 동쪽에서 온 마자르 족이 나라를 세우면서 시작되었다. 오랫동안 다른 나라의 침입을 많이 받았는데, 1241년에는 칭기즈 칸이 이끄는 몽골의 침략을 받았고, 1526년에는 오스만 제국의 지배를 받았다. 그 뒤 19세기에는 오스트리아 합스부르크의 지배를 받았다. 그러나 1918년에 제1차 세계 대전이 끝난 뒤 독립을 되찾았다.

정보 헝가리의 공식 이름은 헝가리 공화국이다. 수도는 부다페스트이고, 헝가리 어를 사용한다.

해가 저물고 어둠이 깔리기 시작한 부다페스트 거리에 허름한 옷차림을 한 남자가 나타났어요. 옆구리에는 바이올린을 끼고 있었지요. 남자는 길 한복판에서 바이올린을 켜기 시작했어요. 구슬프면서도 아름다운 바이올린 선율이 거리에 울려 퍼졌어요. 사람들은 걸음을 멈추고 남자의 연주를 듣기 시작했어요.

어디선가 들어 본 것 같으면서도 신비한 느낌이 드는 음악이었어요.

"와, 처음 듣는 곡인데 무슨 곡이지?"

"헝가리 민속 음악 같은데……. 아니야, 민속 음악하고는 조금 다른걸?"

곡명도 작곡가도 모르는 음악이었지만, 남자의 연주는 사람들의 마음을 울렸어요. 이 남자가 연주한 곡은 헝가리 집시 음악이었어요. 남자는 헝가리의 집시였고요.

'집시'라는 말을 한 번쯤은 들어 보았을 거예요. 집시는 한곳에 머무르지 않고 이곳저곳을 떠돌아다니는 사람들이에요. 집시의 기원에 대해서는 여러 가지 의견이 있는데, 인도 북서부의 펀잡 지역에서 처음 생겨났다는 주장이 개중 가장 설득력이 있다고 해요.

인도에서 잘 살아가던 집시들은 9~10세기 무렵 인도 지방을 떠나 뿔뿔이 흩어졌어요. 이들이 고향을 등지고 세계 곳곳으로 떠난 것은 이슬람 세력의 침략 때문이었어요. 이들의 발길이 가장 먼저 닿은 곳은 페르시아 근처의 소아시아 지역이었어요. 이후 그리스, 알바니아, 불가리아 등의 발칸 반도까지 나아갔고, 15세기에 동유럽은 물론 영국, 에스파냐, 스칸디나비아 반도 등 유럽 전역으로 진출했어요.

집시들이 가장 많이 진출한 곳은 동유럽이었어요. 동유럽에는 전체 집시의 47퍼센트가 살고 있지요. 특히 헝가리는 전체 인구의 10퍼센트가 집시들이랍니다.

'집시' 하면 거리에서 악기를 연주하고 자유롭게 춤추는 모습이 떠오르지요? 음악과 춤은 집시들과 떼려야 뗄 수 없는 것들이었어요. 많은 집시들이 거리에서 연주하고 춤추는 일로 생계를 이어 갔으니까요.

이 중에서 헝가리의 집시 음악은 헝가리 민속 음악과 많은 영향을 주고받았어

요. 헝가리 집시들은 바이올린 연주를 아주 잘했는데, 이들이 주로 연주한 곡이 헝가리 민속 음악이었거든요. 한곳에 정착하지 못하고 떠돌아다니는 집시들은 마음속에 슬픔을 간직하고 있었어요. 이 같은 감정이 연주에 배어 나왔지요.

헝가리 집시들의 음악은 클래식에도 많은 영향을 끼쳤어요. 브람스의 〈헝가리 무곡〉, 사라사테의 〈치고이너바이젠〉 같은 명곡들은 대표적인 집시풍 음악이랍니다.

그러면 집시들은 어떻게 살아갈까요? 집시들은 자신들의 고유한 문화를 지키고 자신들이 만든 법과 풍습을 따르면서 살아가요. 결혼을 할 때에도 집시끼리 하고, 다른 민족하고는 잘 어울리지 않았어요. 집시들끼리 똘똘 뭉쳐 살았기 때문에 다른 사회에 쉽게 동화되지 못하고 떠돌아다닌 거예요.

이곳저곳을 떠돌아다니다 보니 취직을 할 수도 없고, 진득하게 농사를 지을 수도 없었어요. 그런데 다행히 집시들은 손재주가 뛰어났어요. 특히 금속 공예 솜씨가 뛰어났지요. 그래서 공예품을 만들어 팔아서 생계를 유지했어요. 때로는 점을 치거나 가축들을 치료해 주기도 했지요.

현재 전 세계에는 약 1200만 명의 집시들이 흩어져 살고 있답니다.

헝가리 집시 음악은 민속 음악과 뒤섞여서 많은 음악가들에게 영향을 주었어.

이런 비밀이 숨어 있다니!

어떻게 해서 '집시'라는 말이 생겨났는지 아니? 이슬람의 침략으로 집시들이 떠돌아다니게 되었는데, 영국에서 집시들을 이집트에서 온 사람들인 줄 알고 '이집트 인'이라고 불렀어. 이것이 훗날 '집시'가 된 거야.

집시들의 원래 이름은 '롬'이나 '돔'이었어. 하지만 프랑스에서는 집시를 '보헤미안'이라고 불렀고, 헝가리에서는 '치가니', 이탈리아와 에스파냐에서는 '히따노'라고 불렀어. 집시의 이름이 참 다양하지?

화려한 의상을 입고 춤을 추는 헝가리의 집시들이야.

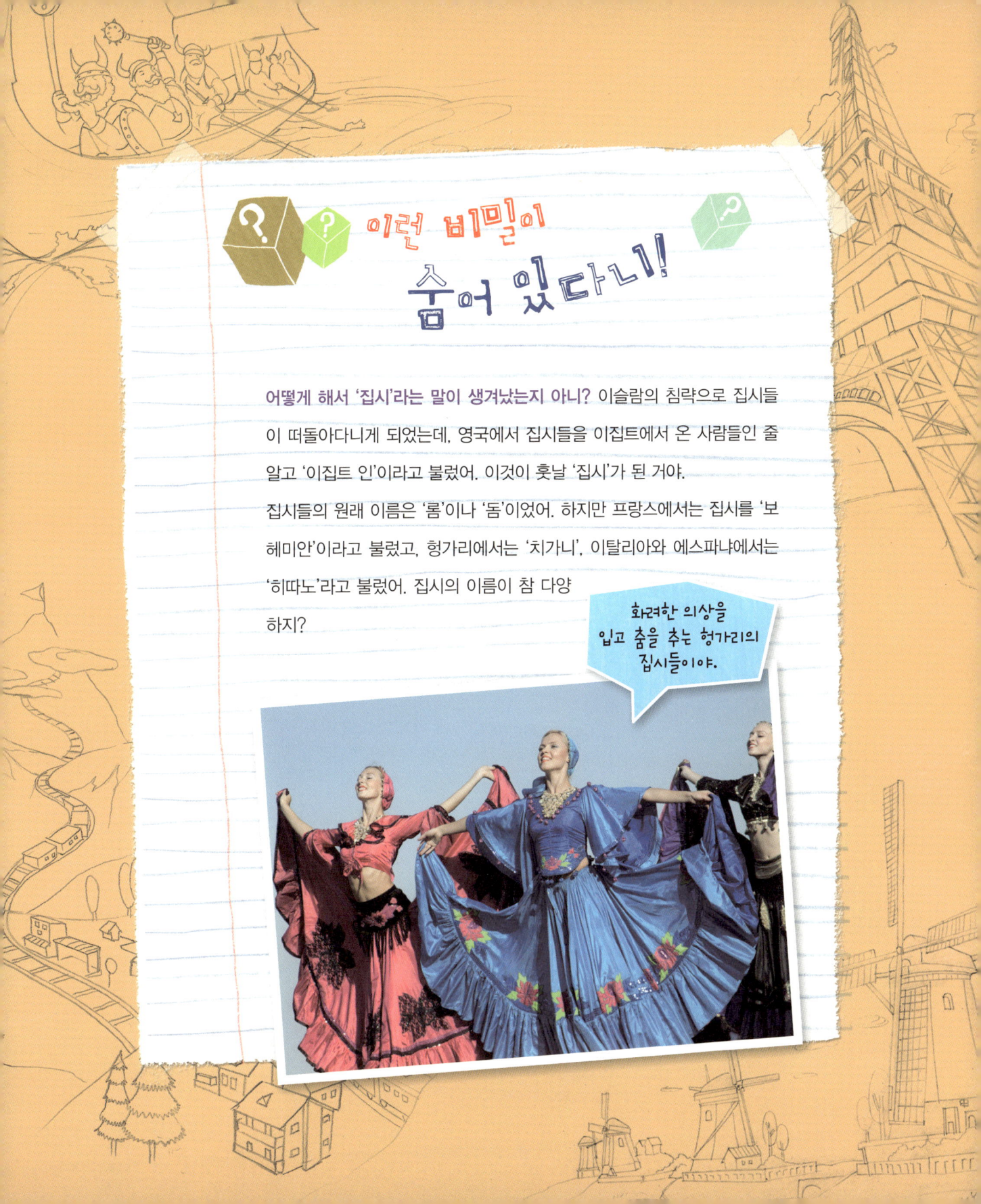

러시아

러시아의 역사가 숨 쉬는
크렘린 궁전

크렘린 궁전과 붉은 광장은 러시아의
역사와 문화를 보여 주는 상징적인 장소예요.
크렘린 궁전은 옛날 러시아 황제의 궁이자
러시아 정교회의 중심지예요.
그래서 유명한 건축물들 대부분이
크렘린 궁전 안에 있답니다.

국기 하얀색은 고귀함과 진실을, 파란색은 정직·헌신·충성을, 빨간색은 용기·사랑·희생을 상징한다.

역사 882년 러시아 최초의 국가인 키예프 공국이 세워졌다. 키예프 공국이 멸망하면서 여러 개의 공국으로 나뉘었다. 그중 힘을 키운 모스크바 공국이 15세기에 러시아 전역을 통치했고 훗날 러시아 제국이 되었다. 하지만 1917년에 러시아 혁명이 일어나면서 사회주의 정부가 세워졌다. 이것이 소비에트 연방 소련이다. 소련은 1991년 냉전이 끝나 해체되었고, 독립 국가 연합을 새로 구성했다.

정보 러시아의 공식 이름은 러시아 연방이다. 수도는 모스크바이고, 러시아 어를 사용한다.

상트페테르부르크 러시아에서 모스크바 다음가는 도시

바이칼 호수 세계에서 가장 오래되고 가장 깊은 호수

세계에서 국토가 가장 넓은 나라야.

러시아는 극동에서 동부 유럽 사이에 걸쳐 있어.

성 이삭 대성당 상트페테르부르크에 있는 성당

시베리아 횡단 열차 세계에서 가장 긴 직통열차

러시아 발레단

러시아에는 무려 150여 민족이 살고 있는데, 80퍼센트 이상의 국민이 러시아 사람이야.

성 바실리 대성당 모스크바 붉은 광장에 있는 성당

마트료시카 전통 인형

1156년 유리 돌로루키 공이 모스크바 강변에 모스크바 공국(공작이 다스리는 작은 나라)을 세웠어요.

그런데 얼마 지나지 않아 유리 돌로루키에게 고민거리가 생겼어요. 강과 호수를 타고 몰려온 주변의 나라들이 자꾸 모스크바를 공격해 오는 것이었지요.

유리 돌로루키는 다른 나라의 공격을 막아 내기 위해 모스크바의 언덕에 성벽을 쌓았어요. 이것이 크렘린이에요. 크렘린은 러시아 말로 '성벽'이라는 뜻이에요. 이후 여러 민족들이 모스크바 공국을 공격했지만 크렘린 덕분에 모스크바는 꿋꿋하게 잘 버텨 냈어요.

그런데 문제는 러시아 변방에 살고 있는 타타르 족 유목민이었어요. 타타르 족은 모스크바 공국 주변의 여러 도시들을 차례로 점령한 뒤 모스크바 공국을 공격했어요.

모스크바 공국은 이들의 공격을 막아 내기 위해 크렘린을 더욱 두텁게 만들었어요. 떡갈나무로 성벽을 보강하고 흰 돌을 올려 더욱 튼튼한 성벽으로 다시 탄생시켰지요. 이러한 노력 덕분에 모스크바 공국은 타타르 족의 침입을 물리칠 수 있었어요.

모스크바 공국은 15세기에 전성기를 맞이했어요. 주변의 도시 국가들을 하나둘씩 점령해 가면서 영토를 넓혀 갔지요. 그 결과 러시아의 여러 도시 국가 중에서 가장 강력

한 국가가 되었고, 훗날 러시아 제국을 세울 수 있었어요.

당시 모스크바 공국의 왕은 이반 대제였어요. 그가 심혈을 기울인 것은 크렘린을 새롭게 만드는 일이었어요. 그때까지 크렘린은 튼튼한 요새에 불과했거든요.

이반 대제는 크렘린을 단순한 성벽에서 벗어나 다양한 기능을 하는 곳으로 만들게 했어요. 그는 크렘린 안에 궁전을 지은 다음 그 안에서 생활했어요. 더 나아가 크렘린 안에 교회와 성당, 수도원까지 만들었지요.

모스크바 이외의 지역에도 크렘린을 지었는데, 그중 모스크바의 크렘린이 가장 대표적이에요. 약 2,235미터에 이르는 긴 성벽에는 20개의 성문이 있어요. 크렘린 안에는 15세기에 지어진 궁전과 교회, 성당, 의회 등 오랜 역사를 자랑하는 건물들이 많이 들어서 있답니다.

크렘린은 모스크바의 정치, 경제, 사회, 문화의 중심지였어. 한마디로 나라의 심장부라고 할 수 있지.

이런 비밀이 숨어 있다니!

'붉은 광장'이라고 들어 본 적 있니? 붉은 광장은 크렘린 북동쪽에 위치한 광장이야. 길이는 700미터이고 폭은 100미터인 거대한 광장이지. 처음에 이곳은 사람들이 물건을 교환하는 시장 같은 곳이었어. 그러다가 황제가 중요한 일을 발표할 때 이곳을 이용하면서 러시아의 중심지로 떠올랐지.

많은 사람들이 붉은 광장의 바닥이 붉은색이어서 이런 이름이 붙었다고 생각해. 하지만 붉은 광장의 바닥은 붉은색이 아니란다.

'붉은 광장'은 원래 '아름다운 광장'이란 뜻이야. '붉은'이라는 말을 뜻하는 러시아 어가 '크라스나야'인데, 이 말에는 '붉은'이라는 뜻과 함께 '아름다운'이라는 뜻도 담겨 있거든.

그런데 왜 붉은 광장이 되었냐고? 노동자들이 이곳에서 집회나 기념식을 열 때마다 붉은 깃발을 들고 나왔기 때문이야. 멀리서 보면 광장이 붉은색으로 물든 것처럼 보였고, 그 때문에 이곳을 '붉은 광장'이라고 불렀지.

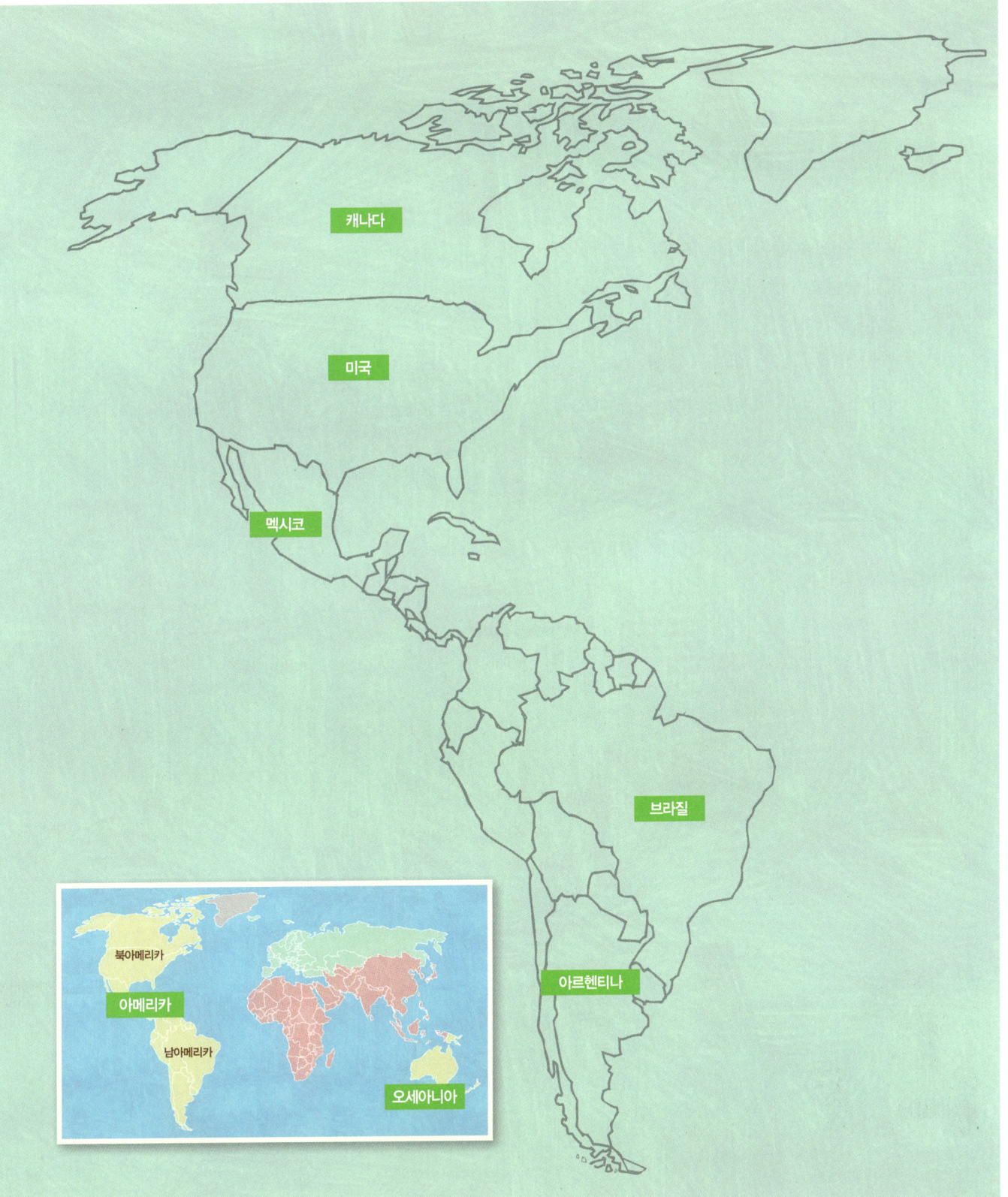

미국

민주주의를 상징하는
자유의 여신상

꿈과 희망을 품고 뉴욕 항으로 들어오는 이민자들을 가장 먼저 맞이하는 게 무엇인지 아나요? 바로 자유의 여신상이에요. 자유의 여신상은 자유와 평화, 민주주의를 상징하며 우뚝 서 있답니다.

국기 '성조기'라고 한다. 별은 미합중국을 구성하는 주(州)를 상징하며, 주의 수만큼 별이 있다. 현재는 50개의 주가 있어서 별도 50개이다. 13개의 줄무늬는 영국에서 독립했을 때의 13주를 상징한다.

역사 1492년 콜럼버스가 처음으로 미국 대륙을 발견했다. 1620년에 영국의 청교도들이 메이플라워호를 타고 미국으로 건너오면서부터 이민의 역사가 시작되었다. 하지만 영국은 가혹한 정책을 실시해 미국 사람들의 반발을 샀다. 영국에게 견디다 못한 미국은 1775년에 독립 전쟁을 일으켜 승리하여 독립국으로 인정받고 미합중국을 세웠다.

1861년에는 노예 제도를 둘러싸고 남북 전쟁이 일어났는데, 노예 해방을 주장하는 북군이 승리해 노예 제도가 사라졌다. 유럽에서 일어난 두 차례의 세계 대전 이후 세계 강대국이 되었다.

정보 미국의 공식 이름은 아메리카 합중국이다. 수도는 워싱턴이고, 영어를 사용한다.

알래스카

미국은 48개 주와 알래스카·하와이의 2개 주로 이루어져 있어.

훌라 댄스

하와이

미국 뉴욕 항 입구의 리버티 섬. 이곳에는 한 손에는 횃불을, 한 손에는 독립 선언서를 들고 있는 여인의 조각상이 있어요. 바로 '자유의 여신상'이에요. 미국의 독립을 기념하여 만들어졌는데, 정식 이름은 '세계를 밝히는 자유'예요.

1770년대 미국은 영국의 식민지였어요. 영국은 미국의 자원을 헐값에 사 가는가 하면 세금도 엄청나게 거두어들이면서 미국을 괴롭혔지요. 미국 사람들은 점점 살기가 어려워졌어요.

이런 영국의 착취에 견디다 못한 미국이 1775년에 독립 전쟁을 일으켰어요. 전쟁이 시작되고 1년 뒤인 1776년 7월 4일, 미국은 '독립 선언서'를 발표했어요. 더 이상 영국의 식민지가 아니라 독립된 국가임을 전 세계에 알린 것이지요. 이후 미국은 영국과 싸운 끝에 승리했어요. 그리고 마침내 영국의 지배로부터 벗어났지요.

이렇듯 힘겹게 얻어 낸 독립을 기념하여 만든 만큼 자유의 여신상은 미국 역사에서 굉장히 의미가 커요. 그런데 자유의 여신상은 미국이 아닌 프랑스에서 만들었답니다. 왜 그랬을까요? 독립 전쟁 초반에 미국은 세계 최강인 영국군에게 계속 밀렸어요. 이때 도움을 준 나라가 프랑스였어요. 프랑스는 미국에 군대를 보내고 식량과 물자를 지원해 주는 등 큰 도움을 주었지요.

당시 프랑스는 식민지를 놓고 영국과 치열한 쟁탈전을 벌이고 있었어요. 그래서 영국의 힘이 커지는 것을 막아야 했고, 그런 이유로 미국을 도와주었던 거예요. 프랑스가 나서자 스페인, 네덜란드도 미국에 힘을 실어 주었어요. 여러 나라의 도움으로 전세가 뒤집혔고, 1781년 10월 미국은 독립 전쟁을 승리로 이끌 수 있었지요.

이러한 역사적 배경 때문에 미국이 독립 100주년을 맞이했을 때 프랑스가 우정의 선물로 자유의 여신상을 만들어 준 거예요.

자유의 여신상은 높이가 46미터, 무게는 225톤이나 되는 엄청난 규모의 동상이에요. 동상이라기보다는 건축물에 가깝지요. 31톤의 구리와 125톤의 강철을 사용한 큰 규모의 공사라서 조각가, 건축가, 토목 공학자 등 각 분야의 전문가들이 모두 동원되었어요.

에펠 탑을 만든 구스타프 에펠도 이 작업에 참여한 전문가 중 한 사람이었지요. 이들을 지휘한 사람은 조각가 오귀스트 바르톨디였고요.

자유의 여신상은 1875년에 만들기 시작해서 9년 뒤인 1884년에 완성되었어요. 만드는 과정이 굉장히 어렵고 복잡했을 뿐 아니라, 완성한 후에도 운반하는 일이 쉽지 않았어요. 미국으로 가는 배에 싣기 위해 동상을 다시 부분별로 해체해야 했지요. 그리고 214개의 상자에 나누어 담아 보냈답니다.

엄청난 선물을 받은 미국은 4개월에 걸쳐 동상을 다시 조립했어요. 그런데 조각상을 받칠 받침대가 없어서 자유의 여신상을 한동안 창고에 처박아 두어야 했어요. 이 사실을 알게 된 뉴욕 시민들이 성금을 걷어 받침대를 만들었고, 1886년에 드디어 뉴욕 항의 리버티 섬에 자유의 여신상을 세웠답니다.

자유의 여신상은 구리로 만들어졌어. 그런데도 밝은 녹색을 띠고 있으니 참 신기하지?

이런 비밀이 숨어 있다니!

자유의 여신상에 무척 다양한 의미가 숨어 있다는 것을 아니?

자유의 여신상은 억압과 독재에서 벗어난 자유를 상징해. 고대 로마 신화에 등장하는 자유의 여신 리베르타스의 모습을 본떠 만들어졌거든.

이 밖에도 자유의 여신상에는 여러 가지 상징이 있어. 오른손에 들고 있는 횃불은 자유를 상징하고, 왼손에 들고 있는 책은 미국의 독립을 의미하지. 또 왕관에 박힌 7개의 가시는 7대양 7대주, 즉 전 세계를 상징한단다.

자유의 여신상이 입고 있는 옷은 로마 공화국 시절에 입던 '토가'야. 자유의 여신 리베르타스가 입고 있던 옷이기도 하지. 로마 공화국은 민주주의가 발전했던 나라였어. 그래서 토가는 민주주의를 상징한단다. 그런가 하면 발밑에 부서진 족쇄는 노예 해방을 뜻하는 거야.

7대양 북태평양, 남태평양, 북대서양, 남대서양, 인도양, 남극해, 북극해
7대주 유럽, 아시아, 아프리카, 북아메리카, 남아메리카, 오세아니아, 남극

캐나다

캐나다의 자부심
단풍나무

캐나다의 국기에는 빨간 단풍잎이 있어요.
그 모양이 특이해 보이기도 하고 조금은
장난스럽게 느껴지기도 하지요.
숲이 많은 캐나다에는 단풍나무가 많이 자라요.
캐나다 사람들은 그런 단풍나무를 아주 많이 사랑한답니다.
캐나다 사람들이 단풍나무를 어떻게 활용하는지 볼까요?

 **국기** 단풍잎이 그려져 있어 '단풍잎 기'라고 한다. 양쪽의 빨간색은 태평양과 대서양을 나타내고, 가운데 그려진 단풍잎은 캐나다를 상징한다.

역사 1497년 영국의 항해가 존 캐벗이 캐나다 동부 해안을 탐험하면서부터 유럽 사람들이 오기 시작했다. 이후 영국과 프랑스의 치열한 싸움터가 되었고, 1763년에 영국이 승리해 캐나다를 통치했다. 그 후 1931년에 영국으로부터 독립했지만 영국 연방의 일원으로 남게 되었다. 공식적인 국가 원수는 영국의 엘리자베스 2세 여왕이며, 오늘날 캐나다를 이끌어 가는 사람은 총리이다.

정보 캐나다의 공식 이름은 캐나다이다. 수도는 오타와이고, 영어와 프랑스 어를 사용한다.

단풍나무

메이플 시럽

캐나다의 단풍은 세계적으로 유명해요. 국기에도 단풍잎이 그려져 있을 정도랍니다. 해마다 10월이면 캐나다에는 끝이 보이지 않는 단풍 길이 열려요. 이것을 '메이플 로드(Maple Road)'라고 하지요.

메이플 로드가 처음 시작되는 곳은 온타리오 주의 나이아가라 폭포예요. 그리고 오타와, 몬트리올을 지나 퀘벡 주에서 끝나요. 무려 800킬로미터나 되는 긴 길이지요.

메이플 로드를 따라 여행하다 보면 캐나다의 중요한 도시와 관광 명소를 다 볼 수 있어요. 단풍을 보러 산으로 가는 우리나라하고는 조금 다르지요?

메이플 로드에서 '메이플(Maple)'은 '단풍나무'라는 뜻이고, '로드(Road)'는 '길'이라는 뜻이야.

　캐나다에서 단풍은 단순한 볼거리를 넘어 아주 중요한 역할을 해요. 단풍나무에서 수액을 뽑아 세계 여러 나라로 수출을 하지요. 이 수액을 '메이플 시럽'이라고 하는데, 전 세계 메이플 시럽의 85퍼센트를 캐나다에서 만들어요.

　그렇다면 메이플 시럽은 어떻게 만들까요?

　단풍이 지고 난 겨울과 초봄, 단풍나무에 수도꼭지를 달고 그 밑에 통을 걸어 수액을 모아요. 이것을 오랜 시간 끓여서 끈적끈적하게 만들면 메이플 시럽이 되지요.

　메이플 시럽을 가장 많이 생산하는 곳은 퀘벡 주예요. 봄이 되면 퀘벡 주의 농장에서는 메이플 시럽 만드는 과정을 관광객들에게 보여 준답니다. 농장을 찾은 관광객들은 직접 체험도 해 볼 수 있어요. 몇 대째 가업으로 이어 오는 퀘벡의 메이플 시럽 농장은 인기가 많은 관광 명소이기도 하지요.

메이플 시럽은 맛이 굉장히 독특해요. 달콤하면서도 단풍나무 특유의 향이 배어 있거든요.

캐나다 사람들은 음식을 만들 때 설탕 대신 메이플 시럽을 써요. 설탕보다 달지 않아 매우 좋아하지요. 빵을 먹을 때 잼 대신 메이플 시럽에 찍어 먹기도 하고 차와 사탕, 소스를 만들 때 넣기도 한답니다. 이뿐만이 아니에요. 메이플 시럽을 이용해 로션이나 비누를 만들기도 해요.

정말 메이플 시럽이 안 쓰이는 데가 없지요? 메이플 시럽은 자연식품이기 때문에 우리 몸에 아주 좋아요. 그래서 캐나다를 넘어 세계적으로도 사랑받고 있어요. 캐나다의 메이플 시럽은 단순한 토속 음식을 넘어 캐나다를 대표하는 수출 상품으로써 캐나다의 경제 발전에도 한몫을 하고 있답니다.

안타깝게도 지구 온난화 때문에 단풍나무 수액이 적어졌어. 이러다가 메이플 시럽을 맛볼 수 없게 될지도 몰라.

이런 비밀이 숨어 있다니!

캐나다에서 영어보다 프랑스 어를 더 많이 쓰는 곳이 어디인지 아니? 바로 퀘벡 주야. 퀘벡 주에 가장 먼저 발을 내디딘 사람은 '자크 카르티에'라는 프랑스 사람이었어. 1535년에 자크 카르티에가 퀘벡 주에 온 뒤, 영국 사람들도 이민을 오면서 프랑스 사람들과 영국 사람들 사이에 다툼이 일어났어.

"여긴 프랑스 사람들의 땅이야. 우리가 먼저 차지한 곳이라고!"

"캐나다에는 영국 사람들이 훨씬 많은데 무슨 소리야?"

프랑스 사람들과 영국 사람들의 다툼은 오랫동안 계속되었어. 그러다가 1763년 영국 사람들이 퀘벡 주를 지배하면서 다툼은 끝나는 듯 보였어.

하지만 주민의 80퍼센트가 여전히 프랑스 사람들이라서 퀘벡 주에서는 프랑스 어를 더 많이 쓰고 있단다.

눈 쌓인 퀘벡 주의 풍경이야.

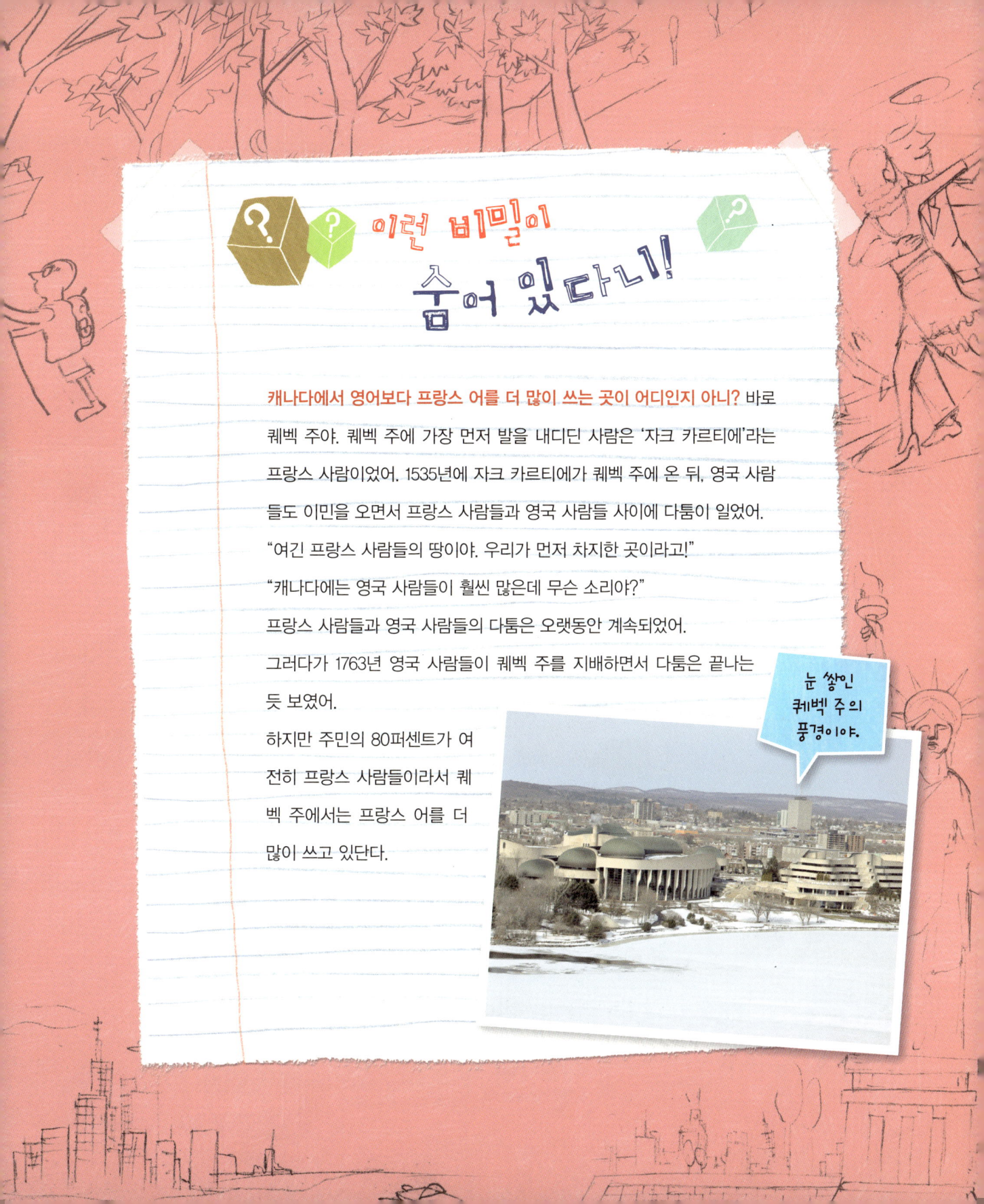

브라질

화려한 춤을 닮은
삼바 축구

브라질 축구에는 어느 누구도 흉내 내지 못하는
화려함과 독특한 기술이 있어요.
그런 점이 강렬한 삼바 춤을 닮아서
'삼바 축구'라고 부르는 게 아닐까요?
어떻게 해서 독특한 브라질만의
축구가 탄생하게 되었는지 알아볼게요.

세계에서 다섯 번째로 인구가 많고 국토가 넓어.

국기 초록색 바탕에 노란색 마름모가 있고, 마름모 안에 파란색 동그라미가 있다. 초록색은 브라질의 푸른 산림 자원과 농업을, 노란색은 광업과 광물 자원을, 파란색은 하늘을 상징한다. 파란색 원 안의 별자리는 브라질이 독립한 날에 하늘에 펼쳐졌던 별자리를 나타낸 것이다. 별은 27개인데, 26개의 주와 1개의 연방 자치주를 상징한다. 하얀색 띠에는 '질서와 진보'라는 글이 쓰여 있다.

역사 1500년에 포르투갈의 카브랄이 브라질을 발견했다. 이후 300년 넘게 포르투갈의 식민지였다가 1822년에 독립했다. 1889년에 왕이 다스리는 시대가 막을 내리고 공화국(국민이 주인인 나라)이 탄생했다. 브라질은 군사가 정권을 잡는 등 정치적으로 어려움을 많이 겪었으나, 1989년에 대통령 직접 선거제를 실시해 오늘에 이르고 있다.

정보 브라질의 공식 이름은 브라질 연방 공화국이다. 수도는 브라질리아이고, 포르투갈 어를 사용한다.

'축구' 하면 딱 떠오르는 나라가 있지요? 바로 펠레, 호나우두 등 전설적인 축구 선수들의 고향 브라질이에요. 브라질은 1930년에 열린 제1회 우루과이 월드컵부터 2010년 남아프리카 공화국에서 열린 제19회 월드컵까지 한 번도 빠짐없이 본선 무대를 밟은 축구 강국이랍니다. 월드컵에서 다섯 번이나 우승할 정도로 세계 최고의 실력을 자랑하지요. 브라질은 2002년 한일 월드컵에서도 우승컵을 거머쥐었어요.

브라질에는 이런 말이 있어요.

"사내아이면 축구를 시키고 여자아이면 무용수를 시켜라."

남자아이라면 무조건 축구부터 시키는 나라, 돌잔치 선물로 축구공을 최고의 선물로 치는 나라가 바로 브라질이지요. 사람들은 브라질을 가리켜 '축구의 해가 뜨고 지는 나라'라고도 해요. 정말 축구와 브라질은 떼려야 뗄 수 없는 사이 같지요?

브라질에 처음 축구가 들어온 때는 1800년대 말이에요. 영국으로 유학을 갔던 브라질 사람이 축구공을 들고 브라질로 돌아왔어요. 난생 처음 축구공을 본 브라질 사람들은 눈이 왕방울만큼 커졌어요.

"11명씩 한 팀을 이루고 발로 공을 차서 상대편 그물에 넣어 승부를 겨루는데, 말도 못하게 재미있는 경기라고."

"그래? 어디 한번 해 볼까?"

한 사람이 발로 공을 찼어요. 뻥 소리와 함께 저 멀리 날아가는 공을 보자 가슴이 후련해지는 듯했지요.

공이 날아가는 곳으로 사람들이 우르르 달려갔어요.

"내가 골을 넣을 거야!"

"무슨 소리! 내가 악착같이 막을 테다!"

땀을 뻘뻘 흘리면서 공을 차니 기분까지 상쾌해졌어요.

당시 브라질은 포르투갈의 식민지였어요. 사람들은 오랜 식민지 생활로 움츠러 있었어요. 하지만 축구할 때만큼은 가슴이 시원하게 뚫리는 것 같았어요. 나라 잃은 슬픔도 잠시 잊을 수 있었지요.

이후 축구는 아주 빠르게 퍼져 나갔어요. 사람들은 장소를 가리지 않고 빈민가 골목이든 낡은 건물들이 빼곡한 길거리든 공간만 있으면 어디서든 축구공을 찼어요.

브라질의 축구 선수들이 개인기가 뛰어난 이유는 이런 생활 환경하고도 관련이 있어요. 미로처럼 좁고 복잡한 골목길에서 축구공을 몰고, 모래 바람이 날리는 해변에서도

공을 차다 보니 자연스럽게 공을 모는 기술이 좋아진 것이지요.

온몸으로 공을 막는 선수들을 뚫고 요리조리 공을 몰다가 통쾌한 슛을 날리는 브라질의 축구 기술은 이처럼 열악한 환경에서 비롯되었답니다.

이런 비밀이 숨어 있다니!

아마존 강 밀림을 왜 '지구의 허파'라고 하는지 아니? 아마존 강은 브라질 국토의 80퍼센트 이상을 차지하는 큰 강이야. 이 강에는 거대한 밀림이 있는데, 이 밀림에서 만들어 내는 산소의 양이 지구 전체 산소량의 70퍼센트를 차지해. 그러니까 아마존이 없다면 지구의 생명체들은 제대로 숨 쉬기가 어렵지. 사람이 허파가 없으면 숨을 쉬기 어려운 것처럼 말이야.

그런데 요즘 들어 아마존에 문제가 생기고 있단다. 환경오염으로 기상 이변이 일어나면서 푸르고 무성하던 아마존의 나무들이 말라 죽고 있어. 그래서 많은 사람들이 크게 걱정하고 있단다. 지구의 허파인 아마존 밀림을 건강한 밀림으로 되돌리려면 우리부터 자연을 보호해야겠지?

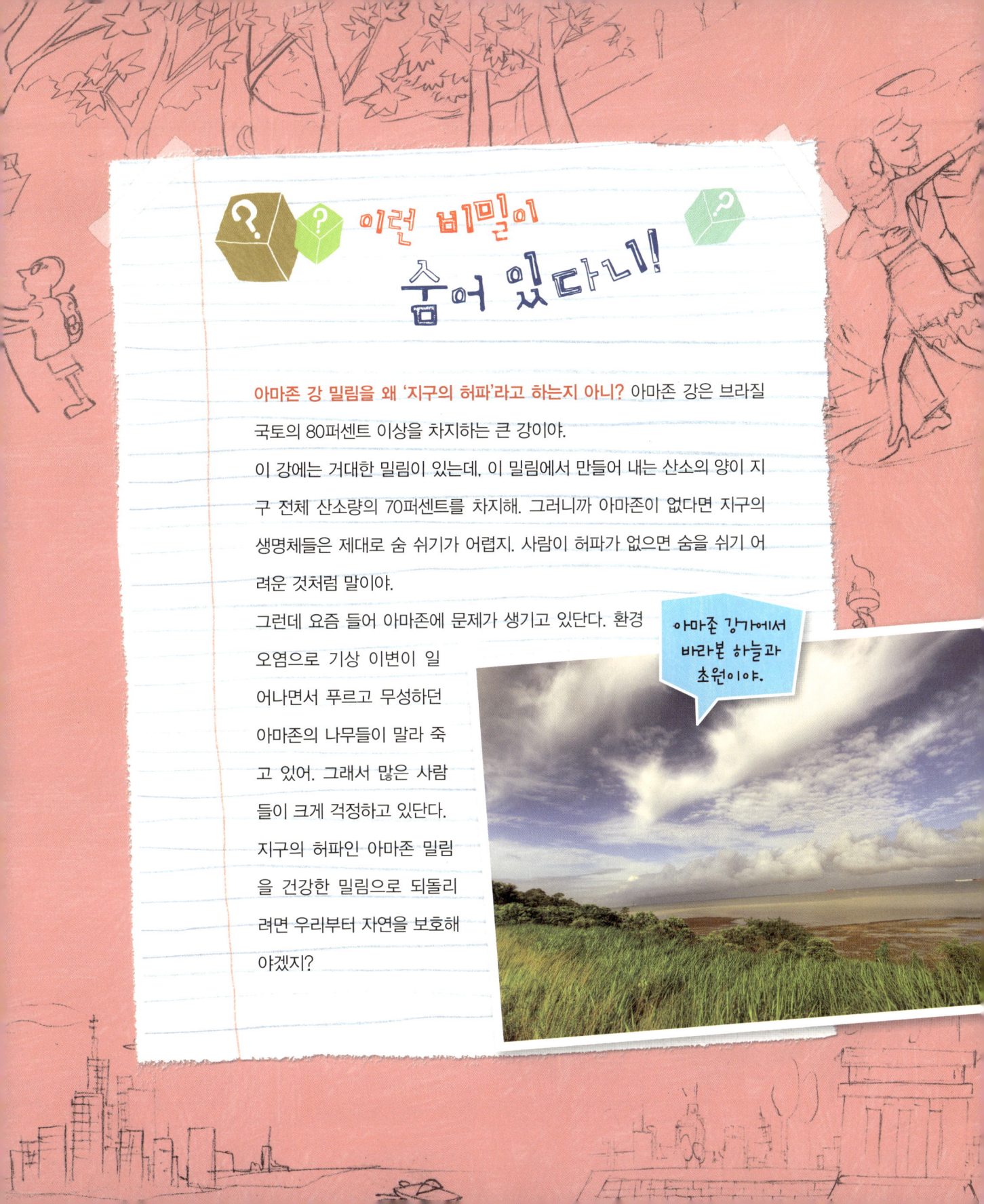

아마존 강가에서 바라본 하늘과 초원이야.

이민자들의 슬픈 춤
탱고

세상에는 다양한 종류의 춤이 많이 있어요.
그중에서 가장 강렬하고 매혹적인 춤이 탱고이지요.
탱고에 어떤 매력이 있기에
전 세계 사람들이 좋아하는 걸까요?
탱고가 만들어진 1870년대의 아르헨티나로
거슬러 올라가 보아요.

국기 위아래는 하늘색 줄이, 가운데는 하얀색 줄이 그려져 있다. 하얀색과 하늘색은 스페인을 상대로 아르헨티나 독립 운동을 일으켰던 마누엘 벨그라노 장군의 복장에서 따온 것이다. 가운데 그려진 태양은 에스파냐에서 독립해 자유로워진 것을 상징한다.

역사 1516년 유럽에 처음 알려졌다. 이곳에 은이 많다는 소식이 전해지자 수많은 스페인 사람들이 은을 찾아 아르헨티나 땅으로 몰려왔다. '아르헨티나'는 '은의 나라'라는 뜻인데, 국명도 이 때문에 만들어졌다. 이후 1816년에 에스파냐로부터 독립을 선언하면서 독립 국가가 되었다.

정보 아르헨티나의 공식 이름은 아르헨티나 공화국이다. 수도는 부에노스아이레스이고, 에스파냐 어를 사용한다.

멋지게 차려 입은 남녀 한 쌍이 짝이 되어 독특한 리듬에 맞추어 춤을 추고 있어요. 부드럽게 움직이다가 음악이 강렬해지면 남녀의 몸놀림도 절도 있게 변해요. 음악에 맞추어 옆으로 고개를 돌리는가 하면, 여자가 몸을 한껏 뒤로 젖혔다가 다시 일으켜서 재빠른 걸음으로 무대의 이곳저곳을 오가지요.

이들이 추는 춤이 무엇인지 아나요? 바로 탱고예요. 탱고는 서양 춤의 하나예요. 아르헨티나에서 시작되어 전 세계로 퍼져 나간 춤이랍니다.

탱고는 19세기 말 아르헨티나에서 처음 생겨났어요. 당시 전쟁으로 살기 어려워진 유럽의 이민자들이 이곳에 모여들었는데, 아프리카 흑인들의 경쾌한 리듬과 스텝, 쿠바의 음악과 아르헨티나의 민속 음악이 뒤섞여 탱고가 된 거예요. 탱고는 힘들게 사는 사람들의 마음을 달래 주던 춤이었지요.

19세기 아르헨티나의 수도 부에노스아이레스에 땅거미가 지기 시작하면 일을 끝낸 노동자들이 선술집을 찾아왔어요.

"자네 왔는가? 오늘 하루는 어땠나?"

"온몸에 묻은 기름때를 보게. 조선소 일이 다 그렇지. 하루라도 기름 냄새가 가실 날이 없다니까."

"그래도 매일 소를 잡는 나보다는 훨씬 낫지. 비릿한 피 냄새. 이제 정말 지겨워."

노동자들은 매우 지쳐 보였어요.

"고향이 그립군. 이곳에는 새로운 삶이 있을 줄 알았는데……."

"그래도 희망을 잃지 말자고. 누가 아는가? 언젠가 우리 인생도 확 바뀔 날이 올지……."

이들의 고향은 멀고 먼 유럽이었어요.

당시 유럽은 제1차 세계 대전 때문에 대륙 전체가 큰 상처를 입었고, 전쟁에 넌더리가 난 유럽 사람들은 새 희망을 찾아 배를 타고 부에노스아이레스로 왔지요. 그곳은 마치 유럽 같은 분위기를 풍겼어요. 건물과 도시의 모습이 유럽의 작

은 도시를 그대로 옮겨 놓은 것 같았지요.

하지만 이들의 삶은 여전히 힘들기만 했어요. 일자리라고는 배를 만드는 조선소, 가축을 잡는 도살장, 가죽 공장 등 힘든 노동을 원하는 곳뿐이었어요.

술잔이 한 잔 두 잔 돌아가고, 분위기가 한창 무르익을 무렵, 아름다운 여인이 술집 안으로 들어왔어요. 여인을 보고 한눈에 반한 청년이 자리에서 일어났어요. 그러고는 여인 앞에서 춤을 추기 시작했어요. 옆자리에 있던 청년도 이에 질세라 춤을 추기 시작했어요. 그러자 술집에 있던 남자들이 모두 자리에서 일어나 춤을 추었어요. 이들이 아름다운 여인 앞에서 추었던 춤이 바로 탱고였지요.

이처럼 탱고에는 고향을 그리는 마음, 여인을 향한 사랑, 고달픈 현실을 이겨 내려는 다짐이 들어 있었어요. 그래서 탱고를 출 때는 몸에 다양한 감정을 실어 표현하는 거랍니다.

마음을 울리는 탱고 음악은 반도네온으로 연주해야 해. 아코디언처럼 생긴 이 악기는 음색이 깊거든.

이런 비밀이 숨어 있다니!

아르헨티나의 항구 도시에서 시작된 탱고가 어떻게 전 세계에 퍼지게 되었는지 아니? 한때 아르헨티나는 경제적으로 크게 발전한 나라였어. 이때 아르헨티나의 수많은 청년들이 유럽으로 공부하러 갔고, 자연스럽게 탱고가 퍼지게 된 거야.

탱고는 유럽의 유행을 이끌던 프랑스 상류층 사이에서 큰 인기를 얻었고, 탱고를 강습하는 곳이 유럽 곳곳에 생겨났어. 그러면서 전 세계로 퍼져 나가 유럽 전역은 물론 미국에서도 탱고 아카데미가 열렸지. 그리고 사람들이 무도회에서 탱고를 추기 시작했어.

유럽 이민자들이 아르헨티나 땅에서 추었던 춤이 다시 유럽에 알려지고 거기서 더 나아가 전 세계로 퍼졌다니, 참 재미있지?

멕시코

멕시코의 건국 신화
선인장

멕시코는 역사가 깊은 나라예요.
톨텍, 마야, 아스텍 같은 고대 문명이 일어났거든요.
멕시코의 국기를 보면 독수리가 그려져 있어요.
독수리는 아스텍 건국 신화를 상징하는 그림이랍니다.
어떤 건국 신화인지 지금부터 들려줄게요.

케사디야 멕시코의 대표 음식

할라피뇨 매운맛이 강한 멕시코의 고추

국기 초록색, 하얀색, 빨간색으로 이루어진 삼색기이다. 초록색은 독립과 희망, 천연자원을 뜻하고, 하얀색은 종교의 순수와 통일, 빨간색은 백인과 인디오, 메스티소(백인과 인디오의 혼혈 인종)의 통합과 독립을 위해 목숨 바친 애국자들의 희생을 상징한다. 가운데의 그림은 "독수리가 뱀을 물고 호숫가의 선인장 위에 앉아 있는 곳에 도읍을 세워라."는 건국 신화를 나타낸 것이다.

역사 1519년 에스파냐에게 침략당해 300여 년 동안 지배를 받다가 1821년에 독립했다. 이후 1845년에는 멕시코의 땅 텍사스를 편입시킨 미국과 전쟁을 벌였지만 결국 지고 말았다. 그 결과 당시 텍사스뿐만 아니라 지금은 미국의 남부와 서부가 된 땅 일부를 미국에게 넘겨야 했다.

정보 멕시코의 공식 이름은 멕시코 합중국이다. 수도는 멕시코시티이고, 스페인 어를 사용한다.

옛날 멕시코 땅에 아스테카라는 원주민이 살았어요. 어느 날 그들이 섬기는 신 우이칠로포크틀리가 명을 내렸어요.

"이곳을 떠나 새로운 곳으로 가거라. 그러면 식물 위에 뱀을 물고 앉아 있는 독수리를 보게 될 것이다. 그곳에 새로운 도시를 세워라!"

아스테카 원주민은 신의 명을 따라 떠났지만, 신이 말하는 곳을 찾을 수가 없었어요. 그래서 결국 테스코코 호숫가에 새로운 도시를 세웠어요.

어느 날, 우이칠로포크틀리가 또 명을 내렸어요.

"이곳의 부족과 싸워 이겨 너희 땅으로 만들어라! 싸움에서 진 사람은 포로로 잡아 심장을 베어 나에게 바쳐라!"

우이칠로포크틀리는 전쟁의 신이었지요.

원주민은 전쟁을 통해 주변 지역을 하나둘씩 정복하며 세력을 키워 갔어요. 평화로웠던 테스코코 호숫가는 어느새 피비린내 나는 전쟁터로 변해 버렸지요.

그런데 그곳에서 멀리 떨어진 멕시코 북쪽에 우이칠로포크틀리의 여동생이 남편과 아들과 함께 살고 있었어요. 여동생은 오빠가 많은 사람들에게 고통을 주고 있다는 소식을 듣고 매일 눈물을 흘렸어요.

그때마다 아들 코필이 어머니를 위로했어요.

"너무 슬퍼하지 마세요. 제가 크면 외삼촌을 찾아가 볼게요."

세월이 흘러 훌륭한 청년이 된 코필은 어머니하고 한 약속을 지키기 위해 테스코코 호숫가로 향했어요.

그 소식을 들은 우이칠로포크틀리는 부하들에게 조카를 죽이라고 명령했어요. 부하들은 코필을 죽이고 그의 심장을 테스코코 호숫가 가운데에 있는 바위섬에 묻어 버렸어요. 그런데 놀라운 일이 벌어졌어요. 코필의 심장이 묻힌 바위에서 녹색 식물이 빨간 꽃을 피운 게 아니겠어요?

"대체 저것이 무엇이냐?"

우이칠로포크틀리가 묻자, 가장 나이 많은 사제가 대답했어요.

"노팔 선인장이라고 합니다. 코필의 심장에서 자란 것입니다. 코필처럼 강인하고 아름다운 식물이지요."

며칠 뒤 아스테카 원주민은 뱀을 문 채 노팔 선인장 가지에 앉아 있는 독수리를 보았어요. 그들은 신의 명령에 따라 그곳에 거대

도시를 세웠지요. 그곳이 오늘날 멕시코의 수도 멕시코시티랍니다.

이 이야기가 바로 멕시코의 건국 신화예요. 신화에 나오는 선인장은 강인함과 아름다움, 용맹을 상징해요. 그래서 멕시코 국기에도 독수리 문양과 함께 그려져 있지요.

멕시코는 남쪽 끝 지역을 빼고는 국토의 대부분이 건조한 고원 지대예요. 그 때문에 곳곳에서 선인장이 잘 자라요. 멕시코에서 자라는 선인장은 그 종류가 무려 2,000여 종이 넘는답니다.

주로 사막 지역에서 자라는 선인장은 생명력이 강한데, 수천 년을 끄떡없이 살아요. 그래서 멕시코 사람들은 옛날부터 선인장을 수호신으로 섬기고 숭배했어요. 실제로 노팔 선인장에서 흘러내린 즙이나 줄기는 환자들의 치료제로 쓰인답니다.

최근에는 노팔 선인장으로 다양한 요리를 만들기도 해요. 선인장을 굽거나 삶아 먹는가 하면, 고기에 곁들일 샐러드로 만들기도 하지요. 멕시코 특유의 살사 소스를 만들 때에도 이 선인장을 쓰면 맛이 더욱 좋아져요. 노팔 선인장뿐 아니라 '마게이'라는 선인장도 아주 쓸모 있답니다. 멕시코의 대표 술인 테킬라의 원료로 쓰이거든요. 멕시코의 선인장은 여러 모로 참 쓸모가 많지요?

멕시코 국기에 그려진 선인장이 노팔 선인장이야.

이런 비밀이 숨어 있다니!

왜 멕시코에 옥수수 요리가 많은지 아니? 옥수수는 어떤 환경에서도 잘 자라기 때문에 농사짓기 쉬운 곡식이었어. 멕시코의 옥수수 요리 중에는 토르티야가 유명한데, 옥수수 가루를 반죽해 얇게 빚은 다음 기름 없는 팬에 구워 낸 거야. 멕시코 사람들은 토르티야에 고기나 채소를 넣고 돌돌 말아서 먹어. 이것이 대표적인 멕시코 요리 '타코'란다.

그럼 멕시코에서는 언제부터 옥수수를 재배했을까? 선사 시대부터야. 당시 사람들은 옥수수를 신성한 식물로 여기고 숭배하기도 했어.

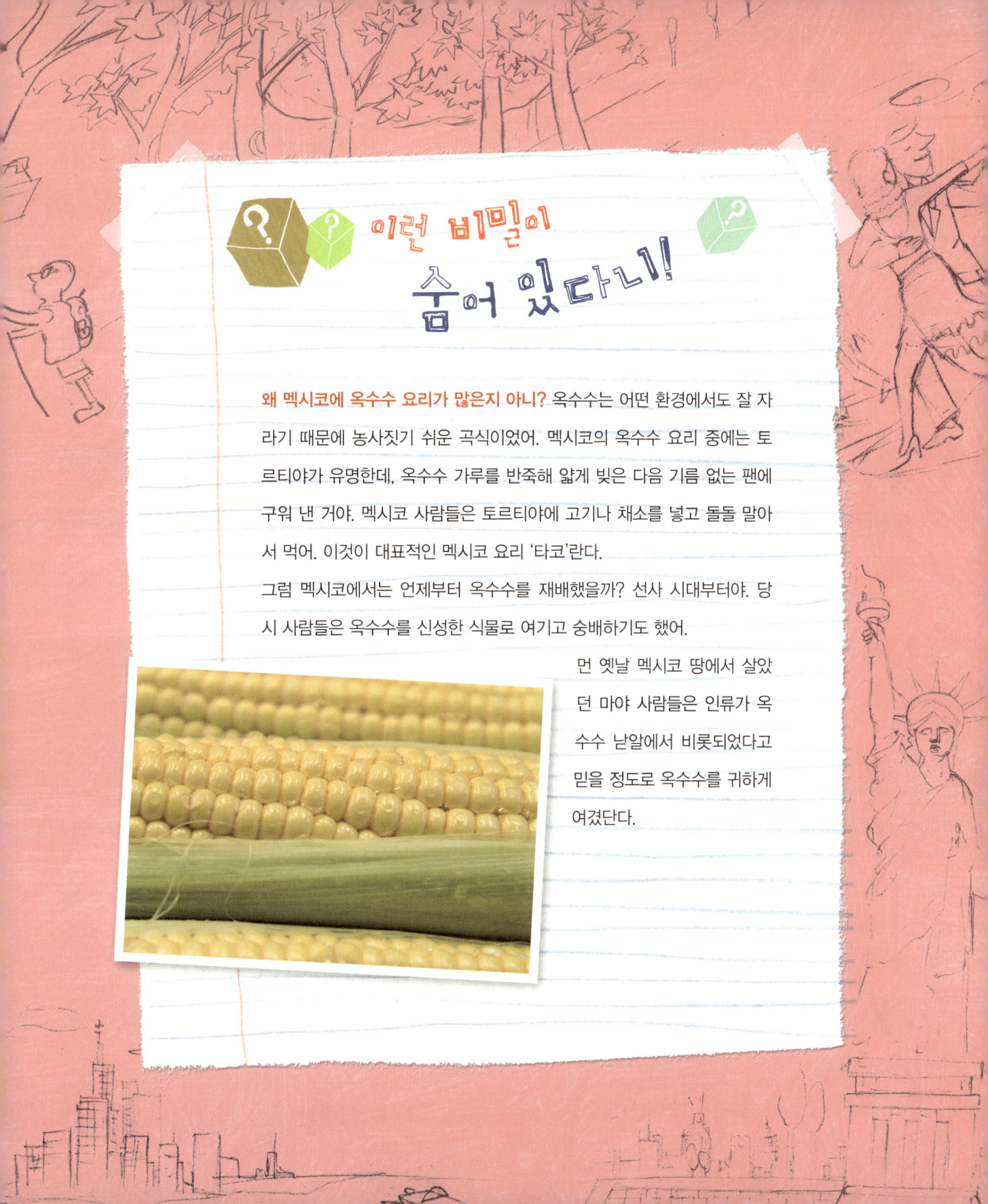

먼 옛날 멕시코 땅에서 살았던 마야 사람들은 인류가 옥수수 낟알에서 비롯되었다고 믿을 정도로 옥수수를 귀하게 여겼단다.

개척 정신의 상징
캥거루

'오스트레일리아' 하면 코알라와 캥거루 그리고 광활한 자연이 떠오르지요? 사막과 건조한 목초지에는 사람이 살지 않아서 희귀한 동물이 많답니다. 사람과 동물이 어우러져 사는 오스트레일리아로 떠나 볼까요?

대부분의 국민이 유럽에서 이주해 온 백인이야. 그 밖에 아시아 민족과 원주민도 함께 살아.

캥거루

오리너구리

국기 영국 연방의 일원이라는 뜻으로 왼쪽 위편에 영국 국기(유니언 잭)가 그려져 있다. 파란색 바탕에 크고 작은 하얀색 별 다섯 개는 남십자성을 나타낸다. 큰 별은 오스트레일리아의 주와 준주(주로 승격하기 전 단계의 행정 구역)를 나타낸다.

역사 유럽 사람들에게 알려진 때는 17세기로 1606년 네덜란드 탐험가가 가장 먼저 이곳에 발을 내디뎠다. 그 후 1770년 영국의 제임스 쿡 선장이 이끄는 대규모 원정대가 왔고, 1778년에 이곳을 식민지로 삼았다. 하지만 1901년에 영국으로부터 독립했고 오스트레일리아 연방이 시작되었다.

정보 오스트레일리아의 공식 이름은 오스트레일리아 연방이다. 수도는 캔버라이고, 영어를 공식 언어로 사용한다.

아주 먼 옛날, 그러니까 오스트레일리아가 유럽 사람들에게 처음 알려졌을 때, 이곳을 탐험하던 사람들은 고향에 이렇게 편지를 썼다고 해요.

이곳에는 신기한 동물들이 많이 살고 있습니다. 날지 못하는 새가 있는가 하면, 오리 부리를 하고 물속에 사는 두더지도 있습니다. 개를 닮은 동물은 두 발로 뛰어다닙니다.

날지 못하는 새, 물속에 사는 두더지, 두 발로 뛰어다니는 개……. 대체 어떤 동물들일까요?

날지 못하는 새는 '에뮤'라고 하는데, 키 120센티미터에 몸무게는 40킬로그램이 넘는 초대형 동물이에요. 겉보기에는 타조처럼 생겼는데 날개가 퇴화해 날 수가 없답니다.

물속에 사는 두더지는 '오리너구리'라는 동물이에요. 몸은 두더지나 수달처럼 생겼는데 얼굴에는 오리와 비슷한 부리가 있어요. 강이나 호숫가에 살면서 작은 벌레나 곤충을 잡아먹고 살지요.

두 발로 뛰어다니는 개는 캥거루예요. 캥거루는 뒷다리가 길고 앞다리는 짧은데, 뛸 때 앞다리를 쓰지 않고 뒷다리만 써서 얼핏 보기에 발이 둘만 달린 개처럼 보이지요. 캥거루는 오스트레일리아에서만 볼 수 있어요. 그래서 오스트레일리아의 상징이기도 해요. 캥거루는 뒤로 가지 못하고 앞으로만 나아갈 수 있는데 오스트레일리아 사람들은 이 모습이 험한 자연을 개척하며 살아온 자신들의 개척 정신과 닮았다고 생각한답니다.

캥거루의 배에는 큰 주머니가 달려 있는데, 이 주머니에 새끼 캥거루를 넣고 다녀요. 왜 새끼를 주머니에 넣고 다니는 걸까요?

갓 태어난 캥거루는 어미 캥거루 배에 있는 주머니 속에 들어가 네 개의 젖꼭지 중 하나에 매달려요. 그리고 충분히 자랄 때까지 주머니 속에서 젖을 먹으며 생활한답니다.

캥거루처럼 새끼들을 주머니에 넣고 기르는 동물을 '유대류'라고 해요. 오스트레일리아에는 유대류가 무려 117종이나 있어요. 나무에 대롱대롱 매달려 있는 귀여운 코알라를 잘 알지요? 코알라도 캥거루처럼 새끼를 매달고 다니는 유대류예요. 유대류는 다른 대륙에서는 볼 수 없답니다. 특히 유럽에서는 2,500년 전에 사라진 동물이에요.

이처럼 오스트레일리아에는 다른 나라에서 볼 수 없는 특이한 동물들이 많이 살고 있어요. 사막과 건조한 목초지가 광대하게 펼쳐져 있고, 사람이 살지 않아서 자연이 잘 보존되어 왔기 때문이지요.

'캥거루'라는 이름은 '모르겠다'는 뜻의 원주민 말에서 비롯되었어.

이런 비밀이 숨어 있다니!

왜 오스트레일리아에 독특한 동물이 많은지 아니? 캥거루, 코알라 같은 동물들은 오스트레일리아에서만 볼 수 있는 동물이야. 오스트레일리아에는 이들 말고도 다른 곳에서는 볼 수 없는 독특한 동물들이 많이 산단다. 그 이유가 무엇일까?

아주 먼 옛날에 지구는 하나의 땅덩이였어. 그러다가 세월이 흐르면서 땅덩이가 갈라지기 시작했지. 이런 과정을 통해 생겨난 것이 아시아, 아프리카, 유럽, 아메리카, 오세아니아 등의 대륙이란다. 오스트레일리아는 오세아니아 대륙에 속한 나라지.

그런데 대륙이 갈라지는 과정에서 오세아니아 대륙만 떨어져 나왔어. 그 때문에 오세아니아 대륙에 사는 동물들이 다른 대륙들로 옮겨 갈 수 없었고, 다른 대륙의 동물들도 오세아니아 대륙으로 넘어올 수 없었지. 그래서 오세아니아 대륙에만 특이한 동물들이 많이 살게 된 거야.